Matthias Schlicht

Auch die Faulen kommen ins
Paradies

Der Autor

Matthias Schlicht, Dr. theol., geb. 1961, ist seit 1991 Pastor der Ev. Lutherischen Landeskirche Hannover. Seine Stationen: Pastor am Dom zu Bardowick, Studentenpfarrer an der Ev. Studentengemeinde Clausthal, Studiendirektor im Kloster Loccum, Pastor in Buxtehude und Kirchenkreis Stade. Verheiratet, drei Kinder, ein Enkel. Seine Leidenschaften: Kochen, Kabarett und Kirche.

Der Illustrator

German Neundorfer, Dr. phil., studierte Literaturwissenschaften und Orientalistik. Er arbeitet als Lektor, Herausgeber und Autor in Freiburg im Breisgau.

Matthias Schlicht

Auch die Faulen kommen ins

Paradies

Höllisches und Himmlisches
zum Nachdenken und Ausprobieren

HERDER

FREIBURG · BASEL · WIEN

FSC
www.fsc.org
MIX
Papier | Fördert
gute Waldnutzung
FSC® C014496

© Verlag Herder GmbH, Freiburg im Breisgau 2023
Alle Rechte vorbehalten
www.herder.de

Als deutsche Bibelübersetzung ist zugrunde gelegt:
Die Bibel. Die Heilige Schrift
des Alten und Neuen Bundes.
Vollständige deutschsprachige Ausgabe AΩ
© Verlag Herder GmbH, Freiburg im Breisgau 2005

AΩ
DIE BIBEL

Umschlaggestaltung: Designbüro Gestaltungssaal
Umschlagmotiv: © Franziska und German Neundorfer, Freiburg

Illustrationen: German Neundorfer, Freiburg

Satz: ZeroSoft SRL
Herstellung: GGP Media GmbH, Pößneck
Printed in Germany

ISBN Print: 978-3-451-03352-0
ISBN E-Book: 978-3-451-82949-9

Für meinen Enkel Jakob

Inhalt

Auf Spurensuche

Es gibt Worte, die sterben niemals aus, während andere Worte im Sumpf des Vergessens untergehen. Zum Beispiel „Lichtspielhaus" oder „Münztelefon" oder „Sendeschluss". Das Wort „Todsünde" hingegen ist noch immer präsent und wird gerne und oft in unterschiedlichen Lebensbereichen verwendet. In der Politik: „Dass ein Abgeordneter sich persönlich an Schutzmasken bereichert, ist eine politische Todsünde." In der Wirtschaft: „Die Vertuschung des Dieselabgasskandals war die Todsünde des Konzerns." In der Kultur: „Subventionsbetrug ist die Todsünde eines Kulturbetriebes." Im Sport: „Blutdoping ist kein Versehen, sondern die Todsünde des Radsportes." Die Liste der möglichen Schlagzeilen ließe sich ohne Probleme verlängern. Die Todsünde ist in aller Munde, aber wie kommt sie uns auf die Zunge? Wann und wo und warum wurde sie „erfunden"? Oder besser gesagt: wurden sie (Plural) erfunden, denn es gibt sie in sieben Spielarten. Machen wir uns auf die Suche.

„Tief ist der Brunnen der Vergangenheit", schreibt Thomas Mann als ersten Satz in seinem Roman *Joseph und seine Brüder.* Der Brunnen alter Worte reicht nachweislich zurück bis in die Philosophie der alten Griechen. Die antiken Philosophen untersuchten nicht nur die vorfindliche Natur der Welt, sondern auch das Innenleben der Menschen. Sie schauten auf die menschlichen Taten und unterschieden sie in gut und schlecht oder ganz und gar böse. Was die Griechen bereits angedacht hatten, hat Cicero im besten Latein in seiner Schrift *De officiis* (Von den Pflichten) im Jahr 44 v. Chr. derart beschrieben: Streben soll der Mensch nach Gerechtigkeit *(iustitia)*, Mäßigung *(temperantia)*, Tapferkeit *(fortitudo)* und Weisheit *(sapientia)*. Verkehrt man nun diese Worte in ihr Gegenteil, gelangt man zu den Untugenden: Ungerechtigkeit, Maßlosigkeit, Feigheit, Dummheit. Über diese lässt sich Cicero nicht weiter aus; er verbleibt bei den schönen ethischen Werten.

Bekanntlich hat das Christentum die Erkenntnisse der griechischen und römischen Philosophie für sich übernommen und christlich gedeutet – man könnte auch sagen „getauft". Denn schließlich war der Alltag der Menschen bereits zutiefst von dieser Philosophie geprägt. Es ist noch heute so: Selbst der härteste Atheist kommt in Deutschland nicht darum herum, in einem durch und durch christlich imprägnierten Land zu leben. Die Kirchengebäude in den Orten, die Feste wie z. B. Ostern und Weihnachten, die Bräuche von der Taufe bis zur Beerdigung sind nicht aus der Erinnerung und der Gegenwart verschwunden, nur weil man mit Gott nichts mehr am Hut hat. So war es auch bei den frühen Christen in der griechisch-römisch geprägten Welt des Altertums. Die von alters her bekannten Tugenden waren präsent, auch wenn die einfache Bevölkerung wohl kaum Platon oder Cicero gelesen hat.

Bischof Ambrosius von Mailand hat im 4. Jahrhundert als Erster die alten Tugenden für die christliche Theologie und Ethik übernommen. Zu den alten vier philosophischen Tugenden kommen noch die drei speziell christlichen Tugenden hinzu: Glaube, Liebe, Hoffnung. Vier plus drei macht sieben. Eine „heilige" Zahl, die sich bekanntlich des Öfteren in der Bibel findet.

Neben der christlichen Auflistung der Kardinaltugenden kam es auch zu einer Aufstellung von Lastern, also von Übeltaten, die unbedingt zu verhindern sind bzw. die man als Christ mit Blick auf das ewige Seelenheil im Jenseits persönlich abwehren muss. Ein solcher „Lasterkatalog" ist erstmals im 4. Jahrhundert von Euagrios Pontikos überliefert. Er lebte als Mönch und gilt als einer der sogenannten „Wüstenväter". Er weilte in Nitria, einem Wüstenörtchen im westlichen Nildelta. Um den Versuchungen der Welt zu entgehen – die Großstadt Alexandria mit ihren Verführungen war nicht weit entfernt –, lebte er dort als Asket und konnte in dieser Abgeschiedenheit und Ruhe die Übel des irdischen Lebens beschreiben.

Seine „Achtlasterlehre" umfasst folgende Taten: Unmäßigkeit, Unkeuschheit, Habsucht, Zorn, Trübsinn, Überdruss, Ruhmsucht, Hochmut. Wie gesagt: acht üble Taten, die Siebenzahl war ihm egal. Erst der Mönchspapst Gregor der Erste hat sie im 6. Jahrhundert wieder auf die Siebenzahl gebracht, indem er Ruhmsucht beim Hochmut einordnete und den Trübsinn unter den Überdruss mischte. Da waren es nur noch sechs, ein Platz war frei für Nummer Sieben: das war für Gregor der Neid. Damit war die Liste komplett und die Lehre und die Rede von den Todsünden wird seither durch die Welt und die Jahrhunderte getragen.

Interessant – auch in psychologischer Betrachtung – ist die Schärfung des Begriffes „Todsünde". Als solche gilt eine böse Tat nur, wenn sie bewusst und aus freiem Willen getan wird. Dem Täter muss vorher klar gewesen sein, dass er die Untat gegen seine(n) Mitmenschen und Gottes Gebote begeht. Man wird also nicht „zufällig" zum Todsünder. Es passiert nicht „aus Versehen", sondern mit Plan und Bewusstsein, mit „voller Schuldfähigkeit". Es gibt nach der Tat keine Ausreden. Der Täter hat es so gewollt. Nun muss er damit leben; in der diesseitigen Welt und im jenseitigen Leben erst recht.

Nach biblischer Überzeugung hat Gott den Menschen mit Freiheit ausgestattet. Er ist frei, zu wählen, was er tut. Mehr noch: Nach dem „Sündenfall", bei dem

Adam und Eva die Frucht vom Baum der Erkenntnis des Guten und des Bösen aßen (vgl. Gen 3), haben die Menschen dieses Unterscheidungs- und Entscheidungskriterium mit im Gepäck. Die Aufgabe, Gut und Böse zu unterscheiden, ist den Menschen nach dem Rausschmiss aus dem Garten Eden nicht wieder genommen worden. Damit müssen wir leben. Und danach müssen wir handeln. Wir können uns immer auch für das Schlechte entscheiden. Gegen uns, gegen andere und gegen Gott. Es ist unsere Freiheit. Gott greift nicht in unser Handeln ein, und mit den Folgen müssen wir dann auch selbst fertig werden. Von der Vernunft her ist das ein schöner Gedanke: Wir Menschen handeln autonom, selbstbestimmt. Von unserem Empfinden her aber bleibt ein schaler, kalter Eindruck. Wir sind frei – doch was nützt mir dieses Wissen, wenn ein geliebter Mensch an einer Krankheit stirbt oder gar umgebracht wird? Müsste Gott nicht trotz aller menschlicher Freiheit von sich aus eingreifen? Die Frage bleibt letztlich unbeantwortet, wie die Frage von Jesus am Kreuz: *„Mein Gott, mein Gott, warum hast du mich verlassen?"* (Mt 27,46) Gott schweigt. Er antwortet erst drei Tage später mit der Auferstehung Jesu von den Toten. Für uns Christen ist das der letzte, aber auch der einzige Trost, dass Gott uns im Sterben und im Tod nicht allein lässt. Nur im Glauben, nicht durch die bloße Vernunft, können wir Christen hieraus Trost schöpfen.

Seit Gregor ist die gesamte Theologie- und Kunstge-schichte vom Gedanken der Todsünden begleitet und mehr oder minder durchdrungen. Selbst in modernen Hollywood-Produktionen sind sie immer wieder anzu-treffen. Man denke beispielsweise nur an den Spielfilm *Seven* (1995) von David Fincher (Regie) mit Brad Pitt und Morgan Freeman. Er ist sehenswert und regt zum Nachdenken an, ist aber nichts für schwache Nerven.

In diesem Buch möchte ich die Todsünden einzeln vor-stellen. Zunächst mit einem Blick in die Bibel. Denn alle Todsünden sind dort zu finden und teils drastisch be-schrieben. Auch wenn es den Begriff dafür noch nicht gegeben hat, veranschaulichen die Geschichten das ele-mentare Unrecht. Doch Todsünden finden sich nicht nur in den alten biblischen Quellen, auch heute sind sie – mitten im Leben – anzutreffen. So möchte ich sie nach jedem biblischen Todsündenbeispiel in unserer Zeit und Alltagswelt an einem selbst erlebten Fall beschreiben. In meinen 30 Jahren als evangelischer Pastor habe ich un-zählige Vorkommnisse erlebt, die mir die Präsenz von „Todsünden" mehr als offensichtlich machten.

Wer von Tod redet, sollte aber auch vom Leben re-den. So kommen wir wieder zu den alten Tugenden der griechischen und römischen Philosophen und den christlichen Guttaten zurück, die Ambrosius beschrieben hat. Neben TODsünden gibt es eben auch LEBENstugenden, die unser Leben genauso fördern wie das Leben unserer Mitmenschen. Auch hier gibt es biblische und aktuelle Beispiele, die zum Nachdenken und Ausprobieren geradezu einladen.

Hochmut und Demut

Von Pharisäern und hochmütigen Fahrschülern

Die folgende biblische Geschichte ist eindrücklich, weil man sie sich wie in einem Spielfilm vorstellen kann. Der Ort der Handlung ist der Tempel von Jerusalem. Groß, prächtig, eindrucksvoll, der heiligste Ort im alten Israel. Hier ist die Verbindung zu Gott direkt gegeben. Gott selbst hat diesen Tempel als Begegnungsort mit ihm geplant. Zur Zeit des alten Israel hatte König Salomo den Tempelbau angeordnet und auch zu Ende geführt. Die besten Baumeister seiner Zeit hatte er angestellt; die meisten von ihnen waren „Fremdarbeiter", Fachkräfte aus dem Ausland. In Phönizien und anderswo war man erprobt, eindrucksvolle Tempel für die jeweiligen Landesgottheiten zu bauen. Auch für den Gott Israels sollte nur das Beste vom Besten erschaffen werden. Und das ist durchaus gelungen.

Zur Zeit Jesu hatte der Tempel von Jerusalem nichts von seiner Berühmtheit und Bedeutung verloren. Die Menschen kommen hierher zum Opfern. Sie bringen ihren Dank und ihre Bitten vor, singen oder vertiefen sich im persönlichen Gebet. Das Buch der Psalmen spiegelt bis heute die Bandbreite der Gefühle wider, die die Menschen in ihren Liedern zum Ausdruck brachten. Aber auch freie Gebete waren möglich. So beschreibt es Jesus in einem Gleichnis (vgl. Lk 18 9–14).

Zwei Männer kommen in den Tempel, um zu Gott zu sprechen. Beide sind zur gleichen Zeit im Tempel und treten vor Gott, doch zwischen ihnen liegen Welten. Unüberwindbare Grenzen. Ein undenkbares Zusammensein. Der eine von ihnen wird im Text als Pharisäer bezeichnet. Er gehört zu einer frommen Glaubensrichtung in Israel. Auch wenn das Wort „Pharisäer" in der deutschen Sprache einen zwielichtigen und nicht ganz ehrlichen Charakter bezeichnet (man denke nur an den nordfriesischen Kaffee mit verstecktem Rumanteil), sind die Pharisäer zur Zeit Jesu wirklich fromme Leute. Sie sind historisch nicht die Erzfeinde Jesu gewesen, wie so oft behauptet wird. Wie Jesus glauben sie an die Auferstehung der Toten und viele Gespräche zwischen Jesus und einzelnen Pharisäern sind überliefert (z. B. mit Nikodemus). Selbst Joseph von Arimathäa, der sein Grab für den Leichnam Jesu zur Verfügung stellte, war einer von ihnen.

Nun gibt es auch unter den Frommen die Abteilung der Super-Frommen. Die gibt es bis heute. Sie wissen ganz genau, was richtig ist und was Gott verlangt. Manchmal wissen sie es, so kann man meinen, besser als der Herrgott selbst. Sie haben die Haltung des geistlichen Angebers, und ihnen gefällt diese Rolle. Von so einem Pharisäer berichtet Jesus. Im Tempel angekommen, baut er sich vor Gott auf und betet, was das Zeug hält, oder besser gesagt, was er von sich selbst hält. Und das ist: nur das Beste. Alles, was ich mache und tue, ist gut und Gott wohlgefällig. Er sagt: „Gott, ich danke dir, dass ich nicht bin wie die übrigen Menschen: Räuber, Ungerechte, Ehebrecher, auch nicht wie dieser Zöllner da." (Auf Letzteren, zu dem sich der zweite Mann im Tempel zählt, komme ich gleich zu sprechen.) „Ich faste zweimal in der Woche und ich gebe den Zehnten von allen meinen Einkünften." Donnerwetter, da wackeln ja die Tempelwände! An Selbstbewusstsein ist das wohl kaum zu überbieten. Er dankt Gott dafür, dass er nicht sei wie die anderen. Die Doofen, die Sünder, die Unfrommen, diejenigen, die nicht so sind wie er selbst. Mehr Hochmut, mehr Arroganz geht nicht. Dass sich der Pharisäer traut, solche Worte vor Gott auszusprechen, ist für mich persönlich unfassbar. Aber es ist möglich. Es gibt tatsächlich Menschen, die sich für derart besonders und einzigartig fromm empfinden. Da kann ich mich nur wundern.

Jesus kommentiert dieses Verhalten. Er lässt in seinem Gleichnis den zweiten Menschen im Tempel auftreten, den Zöllner. Der Name ist sein Beruf. Vereinfacht gesagt: Die Römer, die das Land Israel besetzt hatten und mit harter Hand regierten, setzten Menschen aus dem Volk ein, die für sie Steuern und andere Pflichtabgaben eintrieben. Da es keine offiziellen Tarife für diese Gebühren gab, konnten die Zöllner sie von Person zu Person selbst nach eigenem Ermessen festlegen. Daher nahmen sie nach eigenem Gutdünken oft mehr Geld als gefor-

dert, um ihre eigenen Einkünfte zu sichern. Das machte sie nicht gerade beliebt. Sie galten als Kollaborateure,
als Menschen, die für und mit den verhassten Römern
Geschäfte machen. Sie waren verschrien als finanzielle
Halsabschneider und sie wurden innerhalb Israels auch
gesellschaftlich herabgestuft. So durften sie beispielsweise nicht vor Gericht als Zeugen aussagen, denn sie galten
als grundsätzlich unehrlich. Auch Jesus wusste um den
schlechten, ja schändlichen Ruf der Zöllner. Das hat ihn
jedoch nicht davon abgehalten, mit ihnen in Kontakt zu
sein. Und selbst das wurde in Israel nicht gerne gesehen.
Zum Unmut der Umstehenden lädt sich Jesus sogar in
das Haus des Zöllners Zachäus zum Essen ein. Die Menge schimpft: „Bei einem Sünder ist er eingekehrt!" (Lk
19,1–10) Dazu mehr im letzten Kapitel dieses Buches.

Anders als der Pharisäer steht der Zöllner im Gleichnis
nicht vorne im Tempel, wo ihn jeder sehen und sein
Gebet hören kann. Er steht „von ferne", also ganz hinten, gleich neben dem Eingang an die Wand gedrückt.
Er traut sich nicht nach vorne, denn – so meinte man
– je weiter man sich dem Altar und dem Allerheiligsten,
dem verborgenen Hauptraum des Tempels nähert, umso
näher ist man am Heiligen Gott. Messbare Nähe (in
Meter und Zentimeter) war damals auch geistliche Nähe
(in der inneren Beziehung zu Gott). Je dichter (messbar)
du vor Gott stehst, um so dichter ist er auch an deinem
Herzen. Umso deutlicher sieht und fühlt Gott dich. Der

Zöllner weiß darum, und – so Jesus – traut sich nicht einmal den Kopf zu heben und seine Augen gen Himmel zum Gebet zu richten. Er schlägt sich an seine Brust, was im damaligen Israel ein Brauch war, um sein Kleinsein, aber auch seine Trauer oder seine Schuld anzuzeigen. Sein Gebet murmelt er mit einem einzigen Satz: „Gott, sei mir Sünder gnädig!" Hier kommen Einsicht in seine Schuld, die Gewissheit des Glaubens und das Vertrauen in den barmherzigen Gott zusammen. In einem einzigen Satz wird all das ausgedrückt. So habe ich mir persönlich diesen Satz zu eigen gemacht. Wenn ich Mist gebaut habe und nicht weiß, was ich beten soll, spreche ich schlicht: „Gott, sei mir Sünder gnädig."

Jesus kommt in seinem Gleichnis zu folgendem Schluss und bringt damit wohl seine Zuhörer ins Grübeln: „Dieser [der Zöllner] ging gerechtfertigt nach Hause." Er ist derjenige, dem Gott wohlgefällig zugehört hat. Vom Pharisäer sagt Jesus nichts. Der hat ja selbst schon alles gesagt. Und den Hinweis von Jesus hätte er wahrscheinlich nicht ernst genommen und wohl auch zurückgewiesen. Gegen Kritik ist jeder Hochmütige bestens gewappnet. Sein Ego ist der beste Trumpf. So meint er jedenfalls. Jesus, mit dem Blick Gottes, sieht das allerdings anders.

„Hochmut kommt vor dem Fall", so sagt es der Volksmund. Und so habe ich es schon mehrfach erlebt. Zum ersten Mal und sehr eindrücklich bei Klaus. Klaus kenne ich seit Kindertagen. Er lebte mit seinen Eltern auf einem Bauernhof am Ende unserer Straße. Der Bauernhof war riesig. Für mich und alle anderen Kinder ringsum war das ein wunderbarer Spielort. Mit Kühen, Schweinen, Hofhund Henry, Heuboden, Traktoren und vielen Dingen, bei denen es oft hieß: Seid bloß vorsichtig! Hinter dem Hof war eine riesige Wiese. Als wir in der Grundschule waren, erzählte Klaus stolz, wie toll das Gefühl sei, dort im alten, ausgemusterten VW Käfer 1300, „herumzugurken". Sein Vater hatte ihm das erlaubt, aber er durfte solche Ausfahrten nicht machen, wenn wir zum Spielen dort waren. Kurzum: Klaus konnte bereits Auto fahren, als wir zur 5. Klasse auf das Gymnasium wechselten. Unser junges Leben ging weiter und andere Themen, die wir in der BRAVO lasen, bestimmten mehr und mehr unser Denken. Die schöne Viola wurde wichtiger als ein schnöder VW. Mit 18 Jahren rückte das Abitur näher, zugleich aber auch die Fahrschule. Zunächst die Theorie. Jede Woche ein Mal – Präsenzunterricht! Langweilig, aber natürlich wichtig. Klaus empfand die ganze Fahrschule als lästig. Schließlich konnte er ja seit der Grundschulzeit Auto fahren. Mittlerweile schraubte er sogar am Motor rum. Die theoretische Prüfung bestand er mit Ach und Krach. „Geschafft", sagte er, als er die

Bescheinigung in Händen hielt. „Der Rest ist eigentlich überflüssig. Das kann ich besser als der Fahrlehrer." Ein gesundes Selbstbewusstsein in Hinsicht auf PKW-Führung bahnt sich seinen Fahrweg bzw. seine Spur.

Der praktische Prüfungstag war heiß, in jeder Hinsicht. Es war Sommer und unsere Prüfungsgruppe traf sich zum entscheidenden Termin in Harburg. Die Gruppe, das waren zwei Mädchen, Klaus und ich. Die Mädchen waren (nicht nur) mir beim Theorieunterricht aufgefallen. Sie gingen nicht mit uns zur Schule. Die beiden waren auffallend hübsch. Gekleidet im Look der 70er-Jahre mit Batik-Blumen-Shirt, Jutetasche und dem Duft von „My Melodie" und Apfelschampoo – erstaunlich, woran sich ein Mensch selbst Jahrzehnte später noch erinnern kann!

Der Prüfer erschien mit brauner Aktenmappe unterm Arm. Der Fahrlehrer fragte, wer als Erster die Prüfung ablegen wolle. Klaus meldete sich – natürlich. „Wir brauchen nicht lange", sagte er mit feixendem Gesichtsausdruck. „Und später lade ich Euch in die Eisdiele ein", kündigte er mit einer Kopfbewegung in Richtung der beiden Mädels an, und stieg ein. Leider war ich da offenbar ausgenommen. Na ja, *that's life. – C'est la vie.* – So ist das Leben.

Was dann passierte, ist das wahre Leben: Nach fünf Minuten war Klaus mit dem Fahrschulwagen wieder da. Die Mädchen und ich staunten: „Mensch, der Klaus ist so gut und erfahren, der brauchte nur so wenige Minuten." Die Prüfungsfahrt sollte eigentlich 20 Minuten dauern, so wurde es uns beigebracht. Klaus stieg aus, aber irgendetwas stimmte nicht. Klaus kam nicht stolz wie ein Pfau und mit geschwellter Brust zu uns, sondern ging wortlos auf die andere Straßenseite und verschwand. Irritiert fragten wir unseren Fahrlehrer, was los war. „Tja", sagte dieser, „das erste Stoppschild hat er sofort überfahren und gleich danach eine Vorfahrt nicht beachtet. Das war's für ihn. Durchgefallen. Er muss nochmal eine Prüfung machen." Oha – wir waren sprachlos und erschüttert.

Nun war ich dran. In Gedanken noch beim angeberischen Klaus, doch dann voll konzentriert beim Stoppschild, bei den Vorfahrtsregeln, beim Nichtüberholen eines Schulbusses, beim Anfahren am Berg und beim Rückwärtseinparken. Nach 20 Minuten fuhr ich wieder auf den Hof und bekam meinen Führerschein ausgehändigt. Mit feuchter Stirn und wackeligen Beinen. Dann waren die Mädchen dran. Ich wusste, dass sie vor dieser Prüfung richtig Angst hatten. Der hochmütige Klaus mit seiner Aufgeblasenheit hat das seinige dazu beigetragen. Aber auch sie haben nacheinander beide bestanden. Im Anschluss gingen wir zu dritt in die Eisdiele. Die Mädchen schienen nichts dagegen zu haben, dass der kleine, schüchterne (oh ja, ich war wirklich schüchtern!) Matthias mit dabei war. Extra großes Walnusseis mit Krokant.

Übrigens: Die zweite Prüfung hat Klaus bestanden. Und er scheint etwas fürs Leben gelernt zu haben. Sein Hochmut war – wie ein Automotor – seither gedrosselt.

Maria und ein demütiger Millionär

Gegrüßet seist du, Maria, voll der Gnade,
der Herr ist mit dir.
Du bist gebenedeit unter den Frauen,
und gebenedeit ist die Frucht deines Leibes, Jesus.
Heilige Maria, Mutter Gottes,
bitte für uns Sünder
jetzt und in der Stunde unseres Todes.
Amen.

Das *Ave Maria* ist neben dem *Vaterunser* das am meisten verbreitete Gebet im Christentum. In der evangelischen Konfession spielt es keine Rolle. Die Reformatoren – allen voran Luther – schätzten zwar Maria als Vorbild des Glaubens, aber die Angst, dass mit dem *Ave Maria* die theologisch umstrittene Heiligenverehrung erneut bei den Evangelischen fröhliche Urständ feiert, ließ das Gebet in protestantische Vergessenheit geraten. Umso wichtiger ist dieses Gebet in der katholischen Kirche und daher in allen Sprachen dieser Welt präsent. Hintergrund dieses Gebets ist der Beginn der Geschichten von Maria im Neuen Testament. Erzengel Gabriel begrüßt sie auf diese Weise. (Die Bitte um Beistand in der Todesstunde ist erst 1568 von Papst Pius V. im 16. Jahrhundert offiziell hinzugefügt worden.)

Die Person Maria wird in den Evangelien höchst unterschiedlich behandelt. Johannes nennt sie nur „Mutter Jesu", ihren Vornamen kennt er nicht. Bei Markus wird sie einmal als natürliche Mutter (samt Joseph als Vater) namentlich genannt. Menschen, die Jesus erleben, fragen sich erstaunt: „Ist das nicht der Zimmermann, der Sohn der Maria …?" (Mk 6,3) Zuvor ist Maria bei Markus allerdings im Mutterkonflikt mit ihrem Sohnemann. Markus berichtet, dass „die Seinen", also seine Familie, gegen das Auftreten Jesu protestieren: „Als die Seinen davon hörten, machten sie sich auf, um sich seiner zu bemächtigen, denn sie sagten: Er ist von Sinnen." (Mk 3,21) Noch schärfer redet Jesus etwas später: „Wer den Willen Gottes tut, der ist mir Bruder und Schwester und Mutter." (Mk 3,35)

Ganz anders und positiv erzählen dagegen Matthäus und Lukas von Maria. Bei Matthäus erscheint Maria im Licht der Prophezeiungen des Alten Testamentes. Sie ist die Frau, von der schon der Prophet Jesaja wusste (Jes 7,14). Joseph erfährt im Traum, dass Maria schwanger ist vom Heiligen Geist. Und die Weisen aus dem Morgenland finden den in den Sternen angekündigten „neuen König der Juden" in Bethlehem „mit Maria, seiner Mutter" (Mt 2,11).

Am ausführlichsten wird Maria im Lukasevangelium dargestellt. Den meisten Christen ist hierzulande nur die Weihnachtsgeschichte bekannt. Aber die Vorgeschichte ist ebenso spannend (vgl. Lk 1,26–56): Maria bekommt ohne jede Vorwarnung Besuch. Vor ihr steht der von Gott gesandte Engel Gabriel. Seine Begrüßung fällt herzlich aus, aber Maria ist völlig überrascht, ja erschrocken über diese Worte: „Sei gegrüßt, du Begnadete, der Herr ist mit dir." Und weiter heißt es: „Sie erschrak über das Wort und sann nach, was dieser Gruß bedeuten solle." Zugegeben: Sollte mich einmal ein Engel besuchen und derart ansprechen, dann würde ich wohl genauso verdaddert reagieren. Mit dem Engel kommt immerhin kein bloßer Postbote, sondern der heilige Gottesbote! – Der Engel fährt ruhig fort. Er sagt Maria voraus, dass sie schwanger werde und dem geborenen Sohn den Namen „Jesus" geben solle. Weiter kündigt er ihr an, dass Gott Großes mit Jesus vorhabe; er solle Gottes Sohn genannt werden. Er solle Davids Thron besteigen. Sein Reich werde kein Ende haben. – Das ist mal eine Ansage! Sie spielt auf Prophezeiungen des Alten Testamentes an, die die Bedeutung des Neugeborenen aufzeigen sollen. Wir wissen ja, dass der erwachsene Jesus niemals König von Israel werden wollte. Die symbolische Rede des Engels weist aber die Richtung: Gott hat mit Jesus einen Plan, der größer ist als alles, was je gedacht worden ist.

Maria fragt weiter und gebraucht, wie ich finde, eine schöne Formulierung: „Wie soll dies geschehen, da ich keinen Mann erkenne?" Der Engel ist durchaus am Dialog interessiert. Er sagt nicht nur seinen Vers auf und verschwindet; er nimmt Maria als Gesprächspartnerin ernst. Solche Dialoge sucht man zu der damaligen Zeit meist vergebens. Der Engel antwortet auf geheimnisvolle Weise und deutet lediglich an: „Heiliger Geist wird über dich kommen und Kraft des Höchsten wird dich überschatten. Deshalb wird auch das Kind heilig und Sohn Gottes genannt werden." Maria antwortet ohne weitere Gegenfrage: „Ich bin die Magd des Herrn; mir geschehe nach deinem Wort."

Moderne Menschen könnten in Marias Antwort einen Ausdruck der Unterwürfigkeit sehen. Eine Frau tut (mal wieder) das, was ihr von einem Mann (bzw. männlichen Engel) aufgetragen wird. Aber das ist wahrscheinlich zu sehr aus der heutigen Sicht geurteilt. Wie gesagt: Maria scheint nicht leichtgläubig und hörig zu sein. Sie ist dem Engel und seiner Botschaft gegenüber eine offene, ernst zu nehmende Frau. Sie fragt nach. Sie will verstehen. Warum ausgerechnet ich? Wie soll das alles passieren? Sie sagt nicht aus blindem Gehorsam „Ja und Amen". Sie ist selbstbewusst und stark. Sie ist sich ihrer Person bewusst und dem Schicksal, das auf sie zukommt. Nur so nimmt sie ihre Rolle an, nach eigener Überzeugung und eigenem Willen. Ohne Überheblichkeit. Wie leicht wäre es möglich gewesen, zu sagen: Hurra, seht her, ich trage den Sohn des heiligen Gottes aus! Aber nein, sie nimmt es bewusst und im Stillen an und zeigt damit Demut.

Demut ist nichts Geringschätzendes, es hat nichts mit Unterwürfigkeit zu tun. Demut ist eine Haltung. In der heutigen Sprache kommt das Wort „Demut" leider selten vor. Mir scheint, dass damit auch der Sinn dieses Wortes und die damit verbundene Lebenshaltung in unserer Gesellschaft abhandengekommen ist. Laut dem Duden stammt das Wort vom althochdeutschen *diomuot(i)*. Der erste Wortteil *dio* steht für Dienen, der zweite Wortteil *muot(i)* für Mut. Zusammen bedeutet es „dienstmutig", „dienstwillig" bzw. „dienende Gesinnung". Demut hat also etwas mit Mut zu tun! Wer so gesinnt ist, dass er anderen dienen möchte, der braucht Mut, um diese Haltung zu leben, ganz anders als der Hochmütige, der sich über andere stellt. Demut ist nicht selbstverständlich. Eine demütige Haltung kann von anderen als Schwäche oder Unterwürfigkeit ausgelegt werden. Maria aber hat den Mut, „Ja" zu sagen, um Gott zu dienen. Egal, was andere meinen. Darum konnte selbst Luther sagen: Maria ist mit ihrer Demut ein Beispiel echten Glaubens.

Hier und da begegnet mir in Gesprächen noch das Wort „Demut". Das sind die Momente, in denen ich hellhörig werde und erst mich und dann mein Gegenüber frage: Was bedeutet für Sie dieses alte Wort? Die Antworten sind spannend und gehen oft mit einem Erlebnis einher. Mit einer Lebensgeschichte, also mit einer Geschichte, die das Leben eines Menschen geprägt hat.

Ein Beispiel: In meiner Kirchengemeinde ist eine Spende eingegangen. 10.000 Euro für die Gemeindearbeit. Pfarramt und Kirchenvorstand sind begeistert, denn das Sparkonzept der Landeskirche greift hart in die Ausgestaltung des Gemeindelebens ein, gerade in kleinen Dorfgemeinden. 10.000 Euro. Meine Güte, damit ist die Konfirmandenfreizeit gesichert und auch das Gemeindefest für alle Ehrenamtlichen! Irgendjemand hat uns und unsere Gemeinde gewertschätzt, und nun können wir mit dieser Spende die Wertschätzung weitergeben. Was für eine tolle Sache! Aber wer ist dieser freundliche „Jemand". Der Name auf dem Kontoauszug sagt uns nichts. Keiner kennt den Herrn. Aus der Gemeindeliste wissen wir, dass er 72 Jahre alt ist. Er wohnt nicht in dem Viertel mit den schmucken Einzelhäusern mit großen Gärten. Seine Adresse weist auf die einfache Reihenhaussiedlung, die Anfang der 70er gebaut worden ist. Kleine Wohnungen, die man kaufen oder einfach nur mieten kann. Ganz hübsch, aber kein Schicki-Micki.

Die Gemeindeleitung bedankte sich beim Spender mit einem freundlichen Brief, natürlich samt Spendenbescheinigung für das Finanzamt. Ich habe den Brief handschriftlich aufgesetzt, um den üblichen Dankes-Vordruck aus dem Computer zu vermeiden. Eine Antwort kam darauf nicht; das ist auch nicht üblich. Wir haben es auch nicht erwartet. Nicht erwartet haben wir ebenfalls, dass ein Jahr später erneut 10.000 Euro von dem gleichen Herrn an uns gespendet wurden. Wieder für die Gemeindearbeit. Nun wurden Pfarramt und Kirchenvorstand äußerst neugierig. Ich beschloss, dem Herrn einen Besuch abzustatten. Seine Telefonnummer war leider nicht verzeichnet. Also fuhr ich kurzentschlossen mit einem kleinen Blumenstrauß zum Haus mit seiner Adresse. Für den Fall, dass er nicht da wäre, hatte ich eine Karte mit Bitte um Rückruf dabei, und für den Fall, dass er da wäre, aber es käme ihm ungelegen, so hatte ich mir überlegt, könnte ich immer noch einen späteren Termin mit ihm vereinbaren. An was man eben so denkt, bevor man an eine fremde Haustür klopft.

Ich klopfte nicht, ich klingelte. Ein älterer Herr öffnete. Da ich mein Pfarrershemd (schwarz mit weißem Kragen) trug, erkannte er mich als Amtsperson. Freundlich sagte der Mann: „Herr Pastor, was kann ich für Sie tun? Kommen Sie doch rein." Ich trat ein und überreichte die unübersehbaren Blümchen mit einem Dankeschön für seine segensreichen Spenden. Er nahm die Blumen etwas überrascht, aber doch erfreut entgegen. „Nehmen Sie schon mal Platz, ich versorge die Blumen. Mögen Sie einen Tee?" Ich bedankte mich und nahm in einem Sessel im Wohnzimmer Platz. Ein schönes Wohnzimmer. Wenige, aber ausgewählte Möbel. Die meisten davon antik. Stilvoll, keineswegs protzig. Auf einer Kredenz standen Fotos im Silberrahmen. Ein Junge und ein Mädchen, wohl die Enkel, wahrscheinlich Konfirmationsfotos. Das Mädchen kam mir bekannt vor. Ja, das war Leonie, die ich vor zwei Jahren konfirmiert hatte. Dann sah ich ein Foto einer Frau, wahrscheinlich die Ehefrau, denn auf einem Foto gleich daneben waren die beiden vor einer Berghütte zu sehen. Fröhliche Urlaubsstimmung. Der Herr betrat das Zimmer mit dem Tee und einem schönen Service auf einem Tablett. Er sah meinen Blick zu den Fotos. „Ja, die Leonie erkennen Sie bestimmt. Ich weiß jetzt auch Ihren Namen. Entschuldigung, dass er mir nicht sofort eingefallen ist. Herr Pastor Schlicht. Bei der Konfirmation von Leonie habe ich Sie erlebt. Das war ja beeindruckend. Leute lachen in der Predigt und klatschen, wenn Sie ‚Amen' sagen. Fröhliche Predigten hört man selten, aber wenn, dann sind die Leute begeistert." Ich bedankte mich etwas verlegen. „Mein Enkel ist älter, er wurde in Hamburg konfirmiert", fuhr der Herr fort. „Daneben sehen Sie Fotos von meiner Frau und mir. Die Ursel ist leider vor fünf Jahren gestorben. An Krebs. Es ging sehr schnell. Ein Jahr hat es gedauert. Sie war so tapfer. Fast bis zuletzt konnte ich sie zuhause pflegen. Sie starb dann im Krankenhaus." Er schwieg und goss den Tee ein. Ich schwieg auch. „Nun lebe ich hier", sagte er und erzählte mir, wie er nach Buxtehude gekommen war. Das Haus in Hamburg Nienstedten sei einfach zu groß gewesen. Er wollte sich verkleinern und raus aufs Land, aber immer noch in S-Bahn-Nähe zu Hamburg. Da fiel die Wahl auf Buxtehude, wo dem Volksmund nach „der Hund mit dem Schwanz bellt". Er lachte. Hier fühle er sich wohl. Von den meisten seiner Möbel habe er sich getrennt, seine beiden Kinder hätten einiges übernommen, den Rest habe er verkauft oder verschenkt „an das Kaufhaus mit Herz von der Diakonie Altona". Ich fragte ihn, was er beruflich gemacht habe. Spannend konnte er erzählen von seiner Zeit als Reeder. Hamburg – New York, Hamburg – Boston, Hamburg – Québec. Das war eine lohnende Zeit, er habe viel verdient. Sehr viel. Er legte sein Geld – wie er selbst sagte: als „alter Pfeffersack" – hanseatisch klug an. Üppiges Luxusleben waren seiner Frau und ihm immer fremd. Sie lebten glücklich und zufrieden, mit Freude an den Kindern und den Enkeln. Dann kam der Krebs. Und sie starb nach nur einem Jahr. Und nun kam – für mich ganz unerwartet – der Satz der Sätze: „Ich habe Demut gelernt." Und er führte es weiter aus: „Nicht wir haben unser Leben in der Hand. Da sitzt ein anderer, ein Größerer oben im Regiment. Wir sind nicht Gott, auch wenn wir meinen, gottgleich handeln zu können. Ich bin demütig geworden. Mit meinem Geld möchte ich anderen jetzt viel stärker helfen als zuvor. Ich will das. Ich kann das. Ich mach das."

Diese Worte haben mich sehr ergriffen. Ich habe dadurch gelernt, dass Demut etwas mit Ehrfurcht zu tun hat. Wenn ein Mensch weiß, wie groß bzw. wie klein sein Sein in dieser Welt, ja in diesem Universum ist, dann steht das Staunen am Beginn seines Nachdenkens über die Dinge, so wie schon Aristoteles den Beginn allen Philosophierens im Staunen sieht. Ich staune fasziniert: Ich bin hier! Ich lebe. Ein Sandkornatom im Universum. Ich verneige mich in Ehrfurcht vor dem Großen Geheimnis des Lebens und kann demütig und deshalb großherzig sein.

Der Mann betonte, dass er die Arbeit in unserer Gemeinde sehr schätze und für ihn das Geld dort genau am richtigen Platz sei. Nochmals bedankte ich mich und berichtete ihm, wie wir sein Geld bisher verwendet haben. Schließlich räumte er ein: „Ganz unumstritten ist mein Engagement nicht", meinte er. „Die Kinder meinten, ich solle nicht so großzügig sein. Sie sind aber beide in guten Berufen und sie werden auch noch gut erben. Aber ich weiß schon, was ich tue. Demut ist nicht nur ein Orden, den man sich ansteckt. Man muss es auch tun und danach handeln."

Nach einer Stunde verabschiedete ich mich. Ich ging zu meinem Auto und blickte die Reihenhaussiedlung entlang. Die Nachbarn kennen ihn wohl vom Sehen und manche auch mit Namen. Aber dass hier – von außen gesehen – in einfacher Wohnlage ein – von innen gesehen – reicher Mann, ja ein Millionär wohnt, das weiß wohl niemand. Er hat es auch nicht nötig, damit hochmütig umzugehen. Er ist von Herzen demütig. Mit dem Tod seiner Frau ist der erschreckende Schatten Gottes über ihn hinweggezogen, aber gleichzeitig auch – wie bei Maria – die Kraft des Höchsten, die ihm Stärke und Mut verliehen hat, sein Leben neu zu denken und zu gestalten. Demut hat seither für mich ein Gesicht. Das Gesicht des freundlichen Rentners in der einfachen Reihenhaussiedlung.

Zum Nachdenken

Wo ist mir Hochmut und wo Demut begegnet? Welche Menschen habe ich dabei vor Augen?

....

....

....

....

....

....

....

In welchen Situationen war ich schon einmal hochmütig? Und wo habe ich selbst Demut bei mir entdeckt?

....

....

....

....

....

....

....

Geiz und Großzügigkeit

Von Hananias und Saphira
und anderen Geizkragen

Die Todsünde „Geiz" ist janusköpfig. Sie hat ein doppeltes Gesicht. Zum einen gibt ein geiziger Mensch nicht gern; am liebsten gibt er gar nichts, vor allem nicht für andere. Auf der anderen Seite versucht ein Geiziger immer mehr an Hab, Gut und Geld zu bekommen: für sich, nicht wie der Herr im vorangegangenen Kapitel. Bei Geiz muss ich sofort an Dagobert Duck in Entenhausen denken. Während sein Neffe Donald um einen einzigen Taler bittet und augenblicklich vom Erbonkel rausgeschmissen wird, nimmt jener seelenruhig ein Talerbad in seinem stetig wachsenden Geldspeicher.

Ich kenne keinen Menschen, der sich selbst als geizig beschreiben würde. Sparsam, ja, das hört sich vernünftig an. Aber geizig? Geizhals? Geizkragen? Das ist alles negativ besetzt. Die Werbefirma einer Elektronikkette setzte trotzdem vor Jahren auf den Werbeslogan „Geiz ist geil". Das kam nicht so gut an, was ich wiederum gut finde. Geiz ist in Wirklichkeit ungeil, weil im tiefsten Grund egoistisch und unsozial. Schlicht gesagt: unbarmherzig.

Dass Geiz keine Erfindung der Neureichen ist, zeigt ein Blick in die Bibel. Eine gar nicht mal so bekannte Geschichte wird in der Apostelgeschichte erzählt. Lukas, der auch das Evangelium zuvor geschrieben hat, berichtet vom Leben der ersten Christen, die sich zunächst mit den Jüngern in Jerusalem trafen. Vom Osterwunder der Auferstehung beseelt, kamen sie nicht nur heimlich zu Gebet, Abendmahl und gemeinsamen Essen zusammen, sie versuchten auch als Gemeinschaft zusammenzuleben und ganz nach dem Evangelium zu handeln. Deshalb gab jedes Gemeindemitglied alles, was es an Besitztümern hatte, in eine Gemeinschaftskasse. Eine Vorform der WG könnte man meinen. Der Bibelforscher Gerd Theißen sprach sogar vom „urchristlichen Liebeskommunismus".

Jenes schöne Bild bekommt schnell die ersten Risse. Menschen sind eben doch nur Menschen. Oder, um die Kneipenwirtin Herta aus dem Känguru-Manifest zu zitieren: „Es jibt sone und solche, und dann jibt es noch janz andre, aba dit sind die Schlimmstn." In der Apostelgeschichte sind „die Schlimmstn" Hananias und Saphira. Nachzulesen in der Apostelgeschichte, Kapitel 5, Verse 1–11.

Die beiden waren ein Paar und verkauften eines Tages ihren Acker. Sie gaben wohl Geld an die Gemeinde, „aber mit Wissen seiner Frau behielt er [Hananias] von dem Erlös einen Teil zurück". Man kann ja nie wissen. Geiz kann auch Vorsicht sein. Dann ist Geiz die Mutter der Geldkiste. Als Hananias den Betrag für den Acker (nach Abzug der Geizsumme) Petrus vor die Füße legt, ahnt jener bereits den Betrug. Petrus schimpft und sagt, dass der Satan Hananias Herz erfüllt habe, und zudem habe er nicht nur die Gemeinde, sondern auch den Heiligen Geist beschummelt und betrogen. Sein Schimpfen gipfelt in dem Satz: „Nicht Menschen hast du belogen, sondern Gott!" Die Strafe folgt auf dem Fuße. So schnelle und harte Reaktionen findet man sonst nur in der griechischen Mythologie: Unmittelbar nach Petrus' Strafrede fällt der ertappte Geizhals Hananias tot zu Boden. Noch am selben Tag wird er beerdigt. Doch die Geschichte geht noch weiter. Die Frage steht im Raum, ob nicht Saphira von dem Betrug wusste. Nach etwa drei Stunden sucht sie ihren Gatten und kommt zu Petrus. Dieser ist noch immer sauer, und fragt nun Saphira: „Sag mir, habt ihr das Grundstück für so viel verkauft? Sie erwiderte: Ja, für so viel." Schon wieder eine Lüge gegen Petrus, gegen die Gemeinde und gegen Gott. Die folgende Ansage des Petrus lässt selbst uns heutige Leser noch erzittern: „Siehe, die Füße derer, die deinen Mann begraben haben, stehen vor der Tür, um auch dich hinauszutragen." Rumms. Petrus, der Terminator, hat gesprochen und Saphira fällt, wie zuvor ihr Ehemann, tot zu Boden.

Diese Episode aus der Apostelgeschichte wird in der Forschung heiß diskutiert. Zum einen meinen viele Bibelwissenschaftler, die Beschreibung der ersten Gemeinde sei eine bewusste Idealisierung. Man möchte einen strahlenden Anfang beschreiben, eine Gemeinschaft, in der jeder für jeden da ist, auch materiell. Spätere Gemeinden können sich daran orientieren. Ganz erfunden ist der erste christliche Gemeinschaftsgeist allerdings nicht. Wir wissen von außerchristlichen Quellen, dass selbst die Römer den Zusammenhalt der Christen für beachtenswert hielten. Sie betonten, dass Christen sich um die Kranken und Alten kümmerten sowie ihre Gefangenen besuchten. Einen Geist des Anfangs hat es also tatsächlich gegeben. Vom „Liebeskommunismus" wissen wir aber nichts außer dem, was in der Apostelgeschichte beschrieben ist. Auch das Schicksal des geizigen Ehepaars Hananias und Saphira könnte nur als warnendes Beispiel aufgeschrieben worden sein. Ob es rein fiktiv, als Abschreckungsgeschichte überliefert worden ist oder ob es tatsächlich ein solches Paar in der ersten Gemeinde gegeben hat, von dem man – wahrscheinlich erst später – entdeckte, dass es aus Geiz die Unwahrheit sagte, das bleibt im Reich der Spekulation und weiterer theologischer Doktorarbeiten.

Unüberhörbar ist allerdings die biblische Warnung: Geiz ist nicht nur unsozial, sondern gefährlich. Ob er den leiblichen Tod fördert, sei dahingestellt. Den sozialen Tod bringt er auf jeden Fall mit sich.

Ob Groß- oder Kleinstadt oder auf dem flachen Land, überall findet man sogenannte „Service-Clubs", „Social Clubs" oder „Logen". Hier treffen sich zumeist Männer (es gibt inzwischen aber auch einige Damen-Clubs). Die Mitglieder arbeiten in gehobeneren Berufen, sind Ärzte, Rechtsanwälte, Unternehmer, Politiker oder Geschäftsleute. Und manchmal ist auch ein Pastor unter ihnen. So bin auch ich unterwegs – einmal wöchentlich oder monatlich – bei den Lions, den Stader Rosenkranzbrüdern und den Freimaurern. Wir treffen uns zu interessanten Themen, die alle gesellschaftlichen Belange berühren. Vom Klimawandel bis hin zur Flüchtlingspolitik, von Strukturveränderungen in unserer Stadt, von „Aufregern" in der Lokalpresse und vieles mehr. Die Geselligkeit kommt nicht zu kurz. Und dann ist da noch die soziale Ausrichtung: Für die Öffentlichkeit werden Tombolas und Frühschoppen organisiert. Daneben wird clubintern eine Kasse für Bedürftige in der Stadt geführt, die die Clubmitglieder meist persönlich kennen. Als beispielsweise eine Flüchtlingsfamilie in der Stadt durch einen Wohnungsbrand alles verloren hatte, erhielt schon zwei Tage später das Schulkind der Familie einen nagelneuen gesponserten Ranzen mit allen Büchern, Heften, Stiften, einer Brotdose und einem Turnbeutel. Clubs und Logen sind um Längen schneller und unbürokratischer als staatliche Behörden. Statt einen amtlichen Vorgang zu bearbeiten, wird hier praktisch und sofort vorgegangen. Es ist schön zu sehen, wie viele Menschen sich in unserem Land auch finanziell für andere engagieren.

Aber, wie Hertha bereits dem Känguru mitteilte, nicht nur in der Bibel, sondern auch in unserer Alltags- und Clubwelt gibt es auch „janz andre". Der Geiz oder die Habsucht, wie es im alten Lasterkatalog heißt, ist nicht mit Hananias und Saphira ausgestorben. Ich erinnere eine Szene bei einem geselligen Clubabend. Nach einem Vortrag war ein gemeinsames Essen angekündigt. Kalt-warmes Buffet mit allen möglichen Getränken. Jeder sollte am Ende 20 Euro geben; der Rest nach Deckung der Menükosten war für die Armenkasse vorgesehen. So weit, so gut. Der Abend kam, das Buffet ebenso. Es schmeckte und der Grauburgunder war genauso vorzüglich wie das alkoholfreie Bier. Mir fiel an diesem Abend die Aufgabe zu, mit einem Zylinder von Gast zu Gast zu gehen, um den angekündigten Obolus einzusammeln. Manche gaben die erbetenen 20 Euro, manche sogar 30 oder 40 Euro „für den guten Zweck". Dann kam ich zu einem älteren Mitglied unseres Clubs, zu Herrn Dr. Mustermann (man ahnt es schon, der Name ist geändert). Er war Mitte 70 und galt als einer der reichsten Männer in unserer Kleinstadt. Nicht nur, weil er den größten Mercedes fuhr, nein, er leistete sich sogar einen Chauffeur. Wer hat, der hat. Leider hatte er auch einen Spleen: Er war geizig. Als ich zu ihm kam, schaute er mir ins Gesicht und sagte mit fast schon übertrieben deutlicher Aussprache: „Ich habe nur ein Glas Mineralwasser getrunken und eine Scheibe Baguette ohne Belag gegessen. Ich bestehe darauf, 5 statt 20 Euro zu geben." Ich war sprachlos. Mir fiel so schnell keine passende Antwort ein. Im Nachhinein hätte ich Lust gehabt zu sagen: „Wissen Sie, lassen Sie Ihr Geld stecken, ich werde das für Sie übernehmen." So ein Geizkragen. Er wusste doch, dass die Umlage auch für die Bedürftigen Gutes bewirkt. Aber ein geiziges Herz ist kalt und blind für andere. Dr. Mustermann hat sich im Leben hocharbeiten können bis hin zum eigenen Chauffeur. Wahrscheinlich ging er davon aus, dass alle anderen das auch können, wenn sie nur wollen. Warum also sollte er ihnen etwas geben? Ob er weiß, dass das sprichwörtliche letzte Hemd keine Taschen hat und sich im Sarg kein Schließfach für Wertsachen befindet?

Verärgert und zugleich niedergeschlagen ging ich zurück auf meinen Platz. Mein Tischnachbar flüsterte mir zu: „Mach Dir nichts draus. Der ist schon immer so gewesen. Freiwillig geben tut der nie etwas."

Wie heißt es doch im Volksmund: „Mit warmer Hand schenken ist besser als mit kalter Hand." Ziemlich drastisch ausgedrückt, aber das Bild ist eindrücklich. Nur wenn ich lebe, kann ich warmherzig geben. Nach meinem Ableben ist der Händedruck zum Erbe kalt. Es gibt aber eben auch lebende Menschen mit kalter Hand. Sie haben einen kalten Blick auf die Nächsten um sie herum, wenn sie sie überhaupt sehen. Das Leben als geiziger Solist à la Dagobert Duck kann zwar in Anbetracht der eigenen Vermögenswerte kurzzeitig Freude vermitteln; aber eben nur einem allein. Wer so leben möchte, den kann man nicht aufhalten. Eine Verhaltensänderung, eine Einstellungserweiterung ist aber nicht nur theoretisch denkbar, sondern auch praktisch machbar. Da machen die folgenden Beispiele Mut.

Der Samariter und großzügige Kinder

Man muss nicht in der Kirche, ja noch nicht einmal ein Christ sein, um ihn zu kennen: den barmherzigen Samariter. Entweder als Sprichwort oder als Geschichte, die Jesus als Gleichnis erzählt hat. Nachzulesen bei Lukas (Kap. 10,25–37). Wie in einem klassischen Road-Movie erzählt Jesus von einem Mann, der auf der Reise von Jerusalem nach Jericho unterwegs ist; per pedes, zu Fuß. Plötzlich fällt er – wie es so schön heißt – „unter die Räuber", die ihn verprügeln, ausziehen, ausrauben und halb tot liegen lassen. Das Opfer bleibt im Gleichnis namenlos. Kein bekanntes Gesicht. Das bedeutet wohl für einen vorübergehenden Priester: Dem muss ich nicht helfen. Ausdrücklich sagt Jesus: „Er [der Priester] sah ihn und ging vorüber." Er hat ihn also in seinem jämmerlichen, elenden, eventuell lebensgefährlichen Zustand gesehen … und geht einfach vorbei. Einfach so. Etwas später kommt ein Levit an dem Verletzten vorbei. Der Levit ist von Beruf her ein Tempeldiener; seine Arbeit besteht darin, im Tempel von Jerusalem für den ordnungsgemäßen Ablauf der Gottesdienste zu sorgen. Auch er „sah ihn [den Verletzten] und ging vorüber". Ohne einen Moment zu zögern. Jesus verrät nicht, welche Beweggründe bei den frommen Vorbeigehenden vorherrschten. So wissen wir nicht, ob sie nicht zu spät zu ihrer Arbeit kommen wollten, oder ob sie sich – im wahrsten Sinne des Wortes – nicht die Hände schmutzig machen wollten. Die Pointe, die Jesus uns vor Augen führt: Es kann einer noch so fromm tun … und sich dennoch unmenschlich seinem Nächsten gegenüber verhalten.

Dann taucht ein dritter Passant auf. Dieser wird als „Samariter" beschrieben. Was heute als ein hochgeachteter Titel angesehen wird, war zur damaligen Zeit in Israel ein Schimpfwort. Die Samariter (bzw. Samaritaner) lebten als Volksgruppe im Norden Israels. Sie waren – vereinfacht gesagt – jüdischen Glaubens, aber mit einigen Besonderheiten, die mit dem jüdischen Common Sense in Jerusalem nicht vereinbar waren. Konflikte sind also vorprogrammiert. Der weitaus schwerwiegendere Streitpunkt war die Abstammung: Nach der Besetzung Israels durch die Assyrer haben sich jüdisch-assyrische Mischehen im Nordreich ergeben. Dadurch galten die Samariter für „fromme Juden" der anderen Landesteile Israels als unrein. Mit ihnen hatte man keinen Kontakt. Unreinheit galt als ansteckend. Also: kein Händedruck, keine Umarmung, kein gemeinsames Essen. Die Samariter waren soziale Outlaws, gesellschaftliche und religiöse Aussätzige.

Der Samariter im Gleichnis bleibt beim Verletzten stehen. Es wird nicht überliefert, ob er sich die Frage der Herkunft des Opfers stellt. Ihm scheint es egal zu sein, ob da ein Samariter oder ein Römer liegt? Jesus sagt: „Ein Samariter aber … sah ihn und wurde von Mitleid bewegt. Er ging zu ihm hin, goss Öl und Wein auf seine Wunden und verband sie."

Ja, er tut noch mehr: Er hievt ihn auf seinen Esel und bringt ihn in eine Herberge am Wegesrand. Dort bleibt er beim Verletzten und pflegt ihn. Seine Großzügigkeit an Liebe und Zeit endet aber nicht an dieser Stelle. „Am nächsten Morgen zog er zwei Denare heraus, gab sie dem Wirt und sagte: Sorge für ihn, und was du noch darüber aufwendest, werde ich dir erstatten, wenn ich wiederkomme."– *Chapeau*!

Seit diesem Gleichnis ist aus dem Schimpfwort ein Ehrentitel geworden. Als „Samariter" wird bis heute ein Mensch bezeichnet, der einem anderen in der Not hilft, ohne an sich zu denken. Er schenkt alles, was der Hilfesuchende benötigt: Pflege, Zeit, Geld, Zuwendung und eine begleitete Zukunft bis zur Genesung. Das alles sind keine Einzeltaten, sondern ein einziges, menschliches Projekt, das allein aus Großzügigkeit passiert. Und das ganz im Sinne des althochdeutschen Wortes „großzügig":

hochgestimmt, kühn, unverzagt, tapfer, beherzt. So ist der Samariter innerlich gestimmt und sein Handeln spielt eine wohltuende Melodie der Menschenliebe. Wie die Melodie einer harmonisch wohlklingenden Gitarre, die an der Not nicht vorbeiweht, sondern Herz, Seele und Leib anrührt.

Großzügige Menschen hat sicherlich jeder von uns schon einmal kennengelernt. Enkelkinder freuen sich meist auf den Besuch von oder bei Oma und Opa, weil Großeltern gerne mal „großzügig" sind, ob ein Eis, ein Zoobesuch, die Extra-Portion Pommes, auf dem Rummelplatz eine zusätzliche Runde Karussellfahren, … Großelterngroß-zügigkeit. Wie schön ist das. Und wie schön, wenn Kinder so etwas erfahren dürfen. Denn nur mit einer solchen Erfahrung sind sie ermutigt, später selbst so zu leben. Doch Großzügigkeit sitzt nicht nur im Portemonnaie. Sie zeigt sich auch im Einsatz der teuersten Ressource unserer Tage: Zeit. Oftmals nehmen sich (Groß-)Eltern viel Zeit für ihre (Enkel-)Kinder. Zeit zum Kastanien-sammeln und Basteln, Zeit zum Vorlesen am Abend, Zeit zum Laternelaufen. Kinder lernen durch Erleben und Erfahrung. Das können auch sie schon weitergeben.

Meine Frau ist Lehrerin in der Grundschule. Vor der ersten großen Pause ist gemeinsames Frühstück ange-sagt. Die Kinder holen ihre Brotdosen raus. Manchmal kommt es wohl vor, dass ein Kind nach dem Frühstück zu meiner Frau kommt und flüstert: „Ich hab' aufgegessen, aber ich habe noch Hunger." Oder : „Meine Mama hat wieder meine Frühstücksdose vergessen." Meine Frau fragt dann die Klasse: „Wer von euch hat noch etwas übrig?" Und die Kinder melden sich. Da ein Apfel, dort ein paar Stückchen Gurke, ein halbes Käsebrot, Kekse. Kinder können teilen, wenn sie es lernen, dass Teilen etwas ganz Selbstverständliches ist. Teilen kann – und muss! – man einüben. In manchen Familien ist das Teilen-Lernen leider unüblich geworden. Es ist ja genug für alle da. „Hol Dir selbst einen Nachschlag." „Du weißt ja, wo alles steht." Teilen bedeutet nicht, am Überfluss teilhaben, sondern von dem, was man hat, abzugeben. Ein kleines, persönliches Verzichten, damit es für alle reicht. Bei Kindern würde ich noch nicht das Wort „großzügig" verwenden, aber der Keim dieser Haltung ist erkennbar.

Ein weiteres Beispiel, von dem ich zunächst in der Lokalzeitung las, dann berichtete sogar das Fernsehen darüber: In der ersten Welle der Coronakrise, die in Deutschland mit einem bisher unbekannten „Lockdown" des öffentlichen Lebens einherging, kam ein Gartenbesitzer in Hamburg auf eine wunderbare Idee. Die Spielplätze in der Hansestadt waren von einem Tag auf den anderen gesperrt. Daraufhin stellte der Mann kurzerhand den eigenen etwa 250 Quadratmeter großen Garten mit viel Rasenfläche und kleiner Sandkiste Familien mit Kindern zum Spielen zur Verfügung. Aus der Zeitschrift STERN (02.04.2020) erfuhr ich:

„Die erste Reaktion sei ein kritischer Hinweis auf die Vorschrift zur Einhaltung der sozialen Distanz gewesen, berichtet Jan-Paul [der Gartenbesitzer]. Da habe er sein Angebot schon fast wieder löschen wollen. Doch dann ging es los: Immer mehr dankbare Eltern meldeten sich und unter seinem Posting sammelte sich das positive Feedback. Damit nur eine Familie zurzeit das Angebot nutzt und die Kontaktbeschränkungen beachtet werden, legte der 38-Jährige ein Doodle an, ein Internet-Tool zur Terminplanung. Dort können sich alle Interessierten für einstündige Spielzeiten zwischen 10 und 18 Uhr eintragen. ,Zugang zum Garten bekommt Ihr durch die Pforte an der Seite des Hauses. Kommt dann einfach für die Zeit vorbei, die Ihr Euch rausgesucht habt', erklärt Jan-Paul den Eltern die unkomplizierte Nutzung der Spielmöglichkeit. Mittlerweile finden sich in dem Garten regelmäßig 20 bis 25 ,Stammkunden' plus weitere Familien mit Kindern im Alter bis etwa sieben Jahren ein, wie der Professor erzählt. Bei ihm sei jetzt richtig der Bär los. ,Ich hätte nie gedacht, dass für ein dreijähriges Kind ein Sandkasten so ein wertvolles Ding ist. Die stürzen sich darauf.'"

So weit der STERN. Ich habe mich über diese Nachricht sehr gefreut. Einmal – natürlich – über die Großzügigkeit des Gartenbesitzers. Den Garten „einfach so" zur Verfügung zu stellen. Wie klasse ist das! Zudem freute ich mich über die Presseberichterstattung. Wir hören in Krisenzeiten immer wieder Meldungen von schlechten Ereignissen, von miesem Krisenmanagement, von Fehlern und Versagen. Hier findet man nun endlich einmal eine positive Nachricht. *Best Practice*. Klein, aber effektiv. Ein gutes und wirkmächtiges Handeln wird vorgestellt und dient damit als Anregung zum Nachahmen. Das ist denn tatsächlich auch passiert, nicht nur in Hamburg, sondern auch an vielen anderen Orten in Deutschland öffneten sich auf einmal Gärten für Kinder: Kinder-Gärten der anderen Art.

Die beste Großzügigkeit ist die, die man gar nicht merkt. Wer sagt: „Ich bin jetzt mal großzügig", der ist es meist nicht, sondern oftmals eitel. Wer „einfach so" großzügig aus sich heraus handelt, weil sein Herz es ihm sagt, wer nicht lange nachdenken oder nachrechnen muss, der hat sein großes Herz und Nächstenliebe am rechten Platz.

Solche Großzügigkeit steht gegen den doppelten Geiz. Anstatt nichts abzugeben, ist es wohltuend zu erfahren, wie schön es ist, zu schenken. Anstatt immer mehr einzusammeln, kann es befreiend sein zu merken, dass man Lebensglück und Zufriedenheit nicht im anwachsenden

Sparbuch findet. Wer Großzügigkeit lebt, der ist ein heutiger Samariter, ob in der Schule, im Garten, in der Eisdiele oder da, wo einer „unter die Räuber gefallen" ist.

Zum Ausprobieren

Wo kann ich mich und vielleicht meine Türen öffnen?

....

....

....

....

....

....

....

Sehen Sie einmal bewusst dorthin, wo Menschen in Ihrer Umgebung Ihre Hilfe brauchen.

Manchmal genügt es auch schon, einen Bettler in der Innenstadt wahrzunehmen, ihn anzusehen und ihm ein Lächeln oder wohlwollende Worte zu schenken. Oder eine Tasse heißen Kaffee im Pappbecher.

Neid und Zufriedenheit

Arbeiter im Weinberg und andere neidische Kollegen

Wer das Gleichnis von den Arbeitern im Weinberg liest (Mt 20,1–16), der wundert sich zunächst über die Geschichte, dann aber über eine Redewendung, die man nicht erwartet hätte – zumindest erging es mir so. Am Ende heißt es (wir kommen später noch darauf zurück) in Luthers Übersetzung: *„Siehst du scheel drein, weil ich so gütig bin."* „Scheel" – ich musste erst einmal nachschlagen und fand heraus: Ursprünglich hängt es mit dem Verb „schielen" zusammen. Ein schiefäugiger Blick wurde damals als misstrauischer bzw. neidischer Gesichtsausdruck gedeutet. Und am Ende vom Gleichnis Jesu, so kommt es mir vor, gucken fast alle Arbeiter „scheel drein".

Aber von vorn: Jesus führt uns in seinem Gleichnis auf den damaligen Arbeitsmarkt in Israel. Das Wort Arbeits*markt* ist wörtlich zu nehmen. Auf dem öffentlichen Dorf- oder Stadtmarkt standen die Arbeiter und warteten auf einen Unternehmer oder Landwirt, der sie als Tagelöhner für eben diesen Tag (oder auch mehrere hintereinander) anstellte. Dort beginnt also die Geschichte. Früh am Morgen, um 6 Uhr, geht ein Weinbergbesitzer auf den Markt, um Angestellte für die Arbeit im Weinberg zu suchen. Geldverhandlungen gehörten schon damals zum selbstverständlichen Handel, auch bei Dienstleistungen. Der Weinbergbesitzer ist fair und kommt mit den Arbeitern überein, einen Silbergroschen (wörtlich: einen Denar) als Tageslohn zu zahlen. Das war damals die übliche Zahlung für einen Tag Arbeit und entspricht einem heutigen Wert von ca. 2,50 bis 3 Euro. Damals genug, um damit eine Kleinfamilie für einen Tag zu ernähren. Die Arbeiter stimmen dem Angebot zu und gehen ans Werk. Nach drei Stunden, 9 Uhr unserer Zeit, geht der Weinbergbesitzer wieder los und sieht „andere [Arbeiter] untätig auf dem Markt stehen". Er fordert sie auf, ebenfalls in den Weinberg zu gehen, allerdings macht er statt einem Lohnvorschlag ein Versprechen: „Ich werde euch geben, was recht ist." Die Arbeiter folgen der Arbeitseinladung. Dasselbe wiederholt sich um 12 Uhr, um 15 Uhr und sogar zur letzten, der 11. Stunde, also um 17 Uhr. Wiederum nennt der Besitzer nicht den Lohnpreis. Anzunehmen ist, dass er das um 9 Uhr genannte – nicht finanziell bezifferte – Angebot macht. Und jedes Mal folgen die Arbeiter und machen sich auf den Weg in den Weinberg.

Am Ende des Tages ist die Zeit der Auszahlung gekommen. Nun wird es interessant, nicht nur für die Arbeiter im damaligen Gleichnis, sondern auch für heutige Arbeitgeber und Gewerkschaftler: Die Arbeiter, die zuerst, also um 6 Uhr angestellt worden sind, bekommen den vereinbarten *einen* Silbergroschen. Wie versprochen und abgemacht. Alles klar.

„Alles klar?", fragen sich die eben ausbezahlten Arbeiter, als sie verdutzt sehen, dass die um 9 Uhr angestellten ebenfalls einen Silbergroschen bekommen. Und die später Gekommenen ebenso, sogar diejenigen, die nur noch eine Stunde gearbeitet haben, erhalten ebenso viel. Alle bekommen den gleichen Lohn. Was soll das? Antikes Grundeinkommen bzw. Mindestlohn für alle? Spielt die geleistete Arbeitszeit beim Entgelt etwa keine Rolle?

Die Arbeiter, vor allem die Erstangestellten, sind sauer. Sie „murren" gegen den spendablen Herrn. Sie sind auf die anderen Arbeiter neidisch. Im vollen Sinn der Bedeutung. Im Mittelhochdeutschen steht „Neid" als Ausdruck für „feindselige Stimmung, Kampfesgrimm, Groll, Eifer, Arg". Eine ganze Palette an negativen Gefühlen. Und: Die Gefühle scheinen doch berechtigt. Denn, so meine auch ich, es ist auf den ersten Blick ungerecht, wie hier entlohnt wird. Ein anderer bekommt genauso viel wie ich, obwohl ich viel länger dafür geschuftet habe. Das Neidgefühl gründet bis heute in einem Gefühl, sich ungerecht behandelt zu fühlen, benachteiligt zu sein, weniger geliebt oder wertgeschätzt zu werden.

Der Weinbergbesitzer bleibt dem Ärger der Neider gegenüber ruhig und sachlich. Seine Antwort ist unbestechlich wahr, wenn er zum Anführer der Neider spricht:

„Freund, ich tue dir kein Unrecht. Hast du nicht einen Denar mit mir vereinbart? Nimm das Deine und geh!" So weit zur Sachlage. Was der Besitzer versprochen hat, das hat er gehalten. Punkt. Zunächst spricht der Besitzer über sich: „Oder darf ich mit dem Meinen nicht tun, was ich will?" Dagegen lässt sich schwer argumentieren. Wenn einer sein Geld vom Balkon auf die Straße wirft, dann ist das sein eigenes gutes Recht. Ungewöhnlich, aber nicht ungesetzlich. Jeder darf alles tun mit dem, was sein ist (nur nichts Strafbares, logisch). Über mein Geld und meinen Besitz darf ich frei verfügen.

Nun zur emotionalen Seite der neidischen Arbeiter: Hier kommt der eingangs nach Luther zitierte Satz zum Tragen. „Siehst du scheel drein, weil ich so gütig bin?" Neidest du den anderen meine Güte? Bis du neidisch, dass ich anderen gegenüber freundlich und freigiebig bin? Bist du neidisch darauf, dass ich anderen genauso wertschätzend entgegenkomme wie dir? Wie gesagt: Der Besitzer ist dem neidischen Gegenüber nicht wortbrüchig gewesen. Er hat ihn also nicht übervorteilt oder gar übers Ohr gehauen. Alles ist ordentlich im Vorfeld geklärt worden. Dass er den anderen gegenüber so freundlich ist, war nicht Gegenstand der Verhandlungen.

Wie der bzw. die Neider auf diese Rede reagiert haben, ist nicht überliefert. Ich vermute, sie sind grollend nach Hause gegangen. Immerhin den abgemachten Tageslohn in der Hand. Wir erfahren allerdings den Grund, warum Jesus dieses Gleichnis erzählt: Für Jesus verbirgt sich hinter dem Weinbergbesitzer kein anderer als Gott (wir ahnten es schon). Gottes Güte und Liebe kennt keine

Grenzen. Was Gott verspricht, das hält er. Zunächst hat er seine Güte dem Volk Israel verheißen. Abraham, Mose, das Volk in der Wüste, David und viele andere wussten sich als das von Gott erwählte Volk. Die anderen Völker waren vielleicht von ihren eigenen Lokalgöttern erwählt, aber nicht vom Gott Israels. Mit Jesus und den ersten Christen (allen voran der Apostel Paulus) überschritt die Verkündigung von der Güte und Liebe Gottes die israelischen Volks- und Staatsgrenzen. Alle Völker gehören nun dazu, auch die Griechen und die Römer und alle weiteren Völker rund ums Mittelmeer. Sie sind der Erwählung Israels gleichgestellt. Das höhere Alter der Erwählung Israels spielt keine Rolle. Denn Israel ist noch immer von Gott geliebt und geachtet. Die nachher Dazugekommenen nun aber eben auch. Die Völker sind eine Völkergemeinschaft in den Augen der Liebe Gottes. Hier gilt kein „Wir waren aber zuerst gemeint". Alle sind gemeint. Alle sind gesegnet. Für Neid, der scheel gucken lässt, ist kein Platz.

Der Neid ist unter uns auch heute noch da. Neid gehört zu den menschlichen Urinstinkten. Die Angst, weniger als die anderen zu bekommen, ist die Wurzel des Neides. Und sie war einst überlebensnotwendig. Bei Tieren beobachten wir bis heute das Gerangel um das Fressen. Zuweilen haben auch Jugendliche „Futterneid". Brecht hat recht: Erst kommt das Fressen, dann kommt die Moral. Zunächst hat die Natur den Vorrang, dann die Kultur. ICH will überleben, dann kümmere ich mich um die ANDEREN. Im tierischen Rudel wie in der menschlichen Sippe der Neandertaler oder Cro-Magnon-Menschen war es für die Gesamtgruppe wichtig, dass der „Chef", der Anführer von allen, als Erster gut ernährt war. Nur so konnte er die Gruppe bzw. das Rudel leiten und für alle anderen Sorge tragen. Der Neid-Instinkt ist so betrachtet zu einem gewissen Grad natürlich, vor allen bei denjenigen Tieren und Menschen, die selbst die Führungsrolle übernehmen wollen.

Neid ist also von Geburt an da. Laut der Bibel neidet Jakob sogar im Mutterleib seinem Zwillingsbruder Esau bei der Geburt den Vortritt. Aus Neid, dass er das Erstgeburtsrecht an den Bruder verliert, hält er ihn im Geburtskanal an der Ferse fest, allerdings ohne Erfolg. Neid ist also unser ständiger Begleiter. Damit könnte man eigentlich leben, allerdings ist es nicht der Neid an sich, der die Todsünde in sich birgt, sondern das, was der Neid hervorbringt. Hier kommen die alten Bedeutungen des deutschen Wortes für Neid zum Tragen: Wer neidisch ist, wird grimmig, ist auf Kampf aus und mit Groll und feindlicher Stimmung aufgeladen und darauf aus, dem Beneideten zu schaden. Bewusst. Geplant. Mit Absicht.

Die Kriterien für die Todsünde sind hiermit mehr als erfüllt.

Ein heutiges Beispiel: Eine Frau, Mitte 50, bittet mich im Pfarramt um ein Gespräch. Sie sagt, sie sei am Ende, und wisse nicht mehr ein noch aus. Dabei habe alles so gut begonnen. Seit vielen Jahren arbeite sie in einem Immobiliengeschäft. Nun sollte die Funktion der Chefsekretärin neu besetzt werden. Ein verantwortungsvoller Job, zudem mit mehr Gehalt versehen als das einer einfachen Sekretärin bzw. Sachbearbeiterin. Doch nicht nur sie allein habe sich Hoffnung auf die Stelle gemacht. Ihre jüngere Kollegin, die auch schon lange in der Firma sei, sei ebenso an dem Job interessiert gewesen. Die Entscheidung sei gefallen: Sie, die Ältere, werde die neue Chefsekretärin. Alle beglückwünschten sie, auch die jüngere Mitbewerberin, aber das scheine nur eine vorgetäuschte Freundlichkeit zu sein. Im Inneren der Jüngeren brodele es, so die Schilderung der Frau. Der Neid scheint in ihr zu gären. Von anderen in der Firma hörte die neue Chefsekretärin, wie die Jüngere schlecht über sie redet. Nicht offen boshaft, nein, viel sublimer. „Ob Frau M. wohl diesem Job gewachsen ist, bei ihrem Alter …?" „Sie hat ja in der Vergangenheit auch nicht immer alles gut hinbekommen, oder?" „Ich hörte, ihre Fahrkostenabrechnung musste noch einmal geprüft werden." „In der Mittagspause geht sie ja gerne in die Pizzeria; da habe ich sie sogar Wein trinken sehen. Alkohol während der Arbeit ist doch gar nicht gut!" Natürlich, weil gewollt, erreichen die Reden der Jüngeren die neue Chefsekretärin. Wie soll sie damit umgehen? Ich bin erstaunt, sie fragt tatsächlich einen Pastor um Rat. Der Neid der Jüngeren und die daraus resultierenden Taten nagen an ihrer Seele. Sie kann schlecht schlafen. Überhaupt ist sie zuhause auf einmal gereizt und streitet oft mit Mann und Kindern. Sie geht mit Bauchweh in die Firma. Sie kann nie wissen: Gibt es dort schon wieder neues Gerede gegen sie?

Gegen Neid und daraus resultierende üble Nachrede kann man wenig ausrichten. Wenn jemand dich „scheel anguckt", kannst du demjenigen kein freundliches Lächeln anbefehlen. Aber wegducken, wegsehen, weghören ist auch keine Lösung. Manchmal muss man den Stier bzw. die Kuh an den Hörnern packen. Wenn man den bzw. die Neider(in) direkt und freundlich anspricht, kann der- oder diejenige nicht so tun, als wäre nichts geschehen. Und wird es doch abgestritten, so ist zumindest diese Botschaft angekommen: Ich bemerke, was um mich herum passiert. Ich tue nicht so, als merke ich es nicht.

Ich gebe zu: Damit ist „feindliche Stimmung" bzw. der „Kampfesgrimm", der bei Neid mitschwingt, angenommen worden. Aber bewusste und offene Kommunikation kann helfen, dass Pfeile nicht mehr in der Dunkelheit fliegen oder Fallstricke in Firmenräumen gespannt werden. Der Neid wird niemals aussterben zwischen den

Menschen, aber der Umgang damit kann verändert werden, denn Neid lässt letzten Endes nicht nur den Beneideten verbittern, sondern am Ende den Neider selbst.

Paulus und zufriedene Hobbybastler

„Abraham starb in gesegnetem Alter, betagt und lebenssatt …", so heißt es im Buch Genesis, Kapitel 25, Vers 8. „Betagt und lebenssatt" steht als Umschreibung für ein langes, erfülltes Leben. Und das dürfte Abraham in der Tat gehabt haben. Gott segnet ihn auf dem Weg in ein unbekanntes Land. Mit seiner Familie findet er eine neue Heimat, hat viele Nachkommen und wird von anderen Menschen (und den neuen Nachbarn) überaus geschätzt. Auch schwere Zeiten überstand er wie den Streit mit Lot, Sodom und Gomorra, den Ärger mit Hagar, seiner Magd, die für seine Frau Sara ein Kind von ihm gebar, die Versuchung durch Gott, seinen Sohn Isaak zu opfern … Es ging schon hoch her in Abrahams Leben. Trotzdem hat er den Glauben an Gott nie aufgegeben. Gottes Worte und Segen wurden zu erlebbaren Erfahrungen. „Alt und lebenssatt" bezieht sich nicht nur auf die Anzahl von Lebensjahren (auch wenn diese Spanne bei Abraham schon sagenhaft beträchtlich ist), sondern auch auf die Fülle des Lebens mit sinnhaften, glücklichen Momenten, die einen zufrieden sein lassen. Um mit Andreas Gryphius zu sprechen: *„Mein sind die Jahre nicht, die mir die Zeit genommen. Mein sind die Jahre nicht, die etwa mögen kommen. Der Augenblick ist mein, und nehm' ich den in Acht, so ist der mein, der Zeit und Ewigkeit gemacht."* Zufriedenheit im Hier und Jetzt, im Augenblick. Keine Aufregung und Anstrengung mehr, um etwas „reißen" zu wollen, keine krampfhaften Versuche, sich sein Ego auf Hochglanz zu polieren. Einfach nur sein und mit Rückblick auf das Leben feststellen: Es war mein Leben und ich bin zufrieden damit. Dieses Idealbild des Lebensrückblicks ist nicht nur für Abraham überliefert, auch die Haltung von Isaak, Hiob oder auch David wird mit der Formulierung „alt und lebenssatt" beschrieben. Noch heute ist dieses Bild verlockend, wenn auch in nicht-biblischer Sprache. Zum Beispiel, wenn Peter Fox vom „Haus am Meer" singt, vor dem er am Ende seines Lebens sitzt. Umgeben von Enkeln, Verwandten und Orangenbaumblättern kann er diese – noch in der Zukunft liegende – Idylle „eigentlich kaum erwarten".

Das Bild eines Lebens in Zufriedenheit finden wir an vielen Stellen der Bibel aufgezeichnet. Wohlbekannt ist die Szenerie in Psalm 23. Gott, der mein Hirte ist und sich um mich kümmert. Auch im finsteren Tal „fürchte [ich] kein Unheil, denn du bist bei mir". Gott, der meines Lebens Gastgeber ist, der mir „voll einschenkt", „mein Haupt mit Öl salbt" und mir einen „Tisch deckt". So folgen dem Gott Vertrauenden „Gutes und Barmherzigkeit" in diesem Leben; vom Jenseits ist keine Rede. Wäre das nur ein religiöses Kitschbild, weit entfernt von der Lebenswirklichkeit, hätte sich der Psalm nicht derart im Bewusstsein der Menschen eingenistet. Denn die Gefährdungen des Lebens sind beim Psalm 23 im Bild des finsteren Tales und im Wissen um die Feinde, die man hat, deutlich benannt. Trotzdem überwiegt das Vertrauen, und dieses führt zur Zufriedenheit des Glaubens. Nicht am Ende, sondern auf dem Weg durch das Leben hier und jetzt bei allem Auf und Ab.

Zufriedenheit lässt sich allerdings nicht anordnen. Keiner kann sagen: Morgen um 16 Uhr bin ich zufrieden. Manchmal muss man auf diesen Zustand warten. Zufriedenheit entwickelt sich, sie entsteht, aber nicht mit Druck, höchsten mit freudiger Erwartung. Lukas erzählt in seinem Evangelium von solch einer Erwartung (vgl. Lk 2,25–32). Gewartet hat in diesem Fall Simeon, ein alter frommer Mann, der auf „den Trost Israels" wartete. Er wartete also auf den verheißenen Messias, der Gottes Liebe und Recht ein für alle Mal in aller Deutlichkeit durchsetzt. Simeon trifft im Tempel von Jerusalem auf Maria und Joseph samt dem neugeborenen Jesus. Nach jüdischer Sitte war Gott ein Opfer für das neugeborene Kind zu bringen, „ein Paar Turteltauben oder zwei junge Tauben". Simeon nimmt das Baby Jesus auf den Arm, lobt Gott und spricht Worte, die bis heute viele Ältere noch auswendig kennen:

„Nun entlässt du deinen Diener, Herr, / nach deinem Wort in Frieden; denn meine Augen haben dein Heil gesehen ..." Das Versprechen, das Gott einst Simeon gab, noch vor dem Tod den Messias zu sehen, hat sich erfüllt. Nun kann er „in Frieden" fahren. Zufrieden. Alles ist gut. Alles ist ruhig. Kein angestrengtes Warten mehr. Zur Ruhe kommen. Wie schön ist doch dieser Gedanke.

Auf mich wirkt Simeon weise, lebensklug, alterserfahren, gelassen und entspannt. Doch auch aktive Menschen können ganz und gar zufrieden sein, selbst bei aller Energie, die sie in ihrem Leben und für ihr Lebensziel aufbringen. Ich denke da an den berühmten Apostel Paulus. War Paulus ein zufriedener Mensch? Seine Briefe und die Apostelgeschichte zeigen ihn immer „auf Achse", immer *on the road*, immer „im Namen des Herrn unterwegs". Er gründete und besuchte Gemeinden, kümmerte sich brieflich um sie, war an mancherlei Konflikten und bei Streitschlichtungen beteiligt. Aber immer getrieben von dem Wunsch, möglichst vielen Menschen rund um das Mittelmeer von Gottes Liebe zu erzählen, die in Jesus Christus deutlich sichtbar geworden ist. So deutlich, dass sogar er, der frühere gnadenlose Christenverfolger zum begnadeten Christusverkünder geworden ist. Immerhin fand er Zeit zum Briefeschreiben. Jeder seiner Briefe endet mit Grüßen. Sie zeigen, dass auch er die Gemeinschaft vor Ort genießen konnte. „Freut euch allezeit! Betet ohne Unterlass! Dankt für alles ...", schreibt er am Ende des 1. Briefes an die Thessalonicher (Kap. 5, 16f.). Beten kann man immer, sogar zu festgelegten Zeiten. Aber Fröhlichkeit und Dankbarkeit lassen sich nicht verordnen. Die kommen aus dem Herzen. Aus einem zufriedenen Herzen.

Mein Freund Peter ist über das Wochenende bei mir zu Besuch. Wir machen lange Spaziergänge, grillen und chillen und erzählen. Von der Lage beim Regenhochwasser, von der Corona-Entwicklung, vom Weltklima. Irgendwann haben wir genug von dunklen Themen. Peter sagt: „Mach doch mal den Fernseher an. Jetzt kommt auf dem dritten Programm vom Bayrischen Rundfunk die Sendung *Eisenbahn-Romantik.*" Dort wird jeden Tag über historische Lokomotiven, schöne Zugstrecken und Modelbahnanlagen berichtet. Ich bin interessiert, Peter ist begeistert. Er sagt, dass er seine HO-Anlage von MÄRKLIN, die seit 55 Jahren in Kisten verpackt auf dem Dachboden gelegen habe, wieder ausgepackt und aufgebaut habe. Jeden Tag, den er nun als Rentner verlebe, verbringe er mehrere Stunden mit Planen, Bauen, Sägen, Modellieren und natürlich mit Loks und Waggons zu fahren. Mir kommt bei seinem Bericht der Einfall, dass auch ich noch meine MÄRKLIN im Keller liegen habe. Seit 45 Jahren unberührt. Wie ein Blitz durchfährt mich der Gedanke: Die kann ich doch auch nochmal wieder anrühren! Schließlich ist gerade mein erstes Enkelkind geboren. Also, Opa Matthias, ran an die alten Kisten aus deiner Kinderzeit! Gedacht, gesagt, getan. Nachdem ich unser Wohnzimmer mit zwei Gleisovalen besetzt habe, macht meine Frau den Vorschlag: „Bau das doch im Keller auf, aber gleich richtig mit Platte und allem Pipapo." Gute Idee, denke ich, und ziehe in das Untergeschoß. Nach einer überfälligen Entrümplungsaktion ist tatsächlich Platz für eine Anlage im Format 2 x 1 Meter. Ab zum Baumarkt. Nun steht sie da, meine alte Kindereisenbahn, und zuckelt vor sich hin. Jeden Tag gönne ich mir eine Stunde am Abend zum Basteln. Weichen entstauben, Lichter anschließen, Züge fahren lassen, Landschaft gestalten. Herrlich. Mein Hobby. Während ich an der Anlage herumpuzzele, vergesse ich tatsächlich die Welt um mich her. Aus einem alten CD-Rekorder spielen meine Lieblingsstücke von Chet Baker, Johnny Cash oder Kraan. Ein Glas Sauvignon Blanc glitzert im Schein der eben aufgebauten Bahnhofslämpchen. Ich bin da und gleichzeitig weg. Ich bin zufrieden; noch nicht ganz alt, aber doch in diesem Moment lebenssatt.

In dem humorvollen Buch von Jonas Goebel *Jesus, die Milch ist alle* (Herder 2021) beschreibt der Autor eine Wohngemeinschaft der besonderen Art. Mitglieder der WG in Hamburg unserer Zeit sind der Autor sowie Jesus und Martin Luther. Sie kämpfen sich wacker durch die

Tücken des modernen Alltags mit Handy, Pizza-Bring-Dienst und neuer deutscher Jugendsprache. Manchmal finden sich im Buch Sätze, die bei allem Humor die einfachsten Wahrheiten ausdrücken. So erklärt Jesus an einer Stelle seinen Mitbewohnern, was eigentlich das alte hebräische Wort „Shalom" bedeutet: *„Shalom* ist, wenn du einfach glücklich bist. Du hast dann den fettesten Frieden in dir. Manche Menschen sind schwer krank, aber sie haben in sich einfach fett Frieden. Und andere sind körperlich und psychisch kerngesund, aber da ist tote Hose, was Shalom angeht."

So ergeht es auch mir im Keller bei meiner HO-Bahn, ich bin einfach glücklich uns spüre tiefen inneren Frieden in mir. Shalom, inneren Frieden, innere Zufriedenheit erlebt mein Freund Peter, der – wenn er nicht gerade Märklinist ist – in der Garage nebenan so lange an alten BMWs herumschraubt, bis sie wieder laufen. Im Sound der 60er mit H-Kennzeichen und neuer TÜV-Plakette.

Oder der fast 80-jährige Mann in meiner Gemeinde, der Briefmarken sammelt. Marken aus aller Welt mit Blumenmotiven. Wenn er seine Alben begutachtet und sortiert, dann ist er in der Flora von Südamerika über Skandinavien bis Neuseeland unterwegs. Die ganze Blumennatur in seinem Briefmarkenreich.

Oder die Frau, die mir beim Geburtstagsbesuch ihre – wie sie sagte – kleine Sammlung zeigte. Sie öffnete einen alten Schrank und ich staunte nicht schlecht: Da

waren fein säuberlich auf Tabletts geordnet unzählige …
Fingerhüte. Seit ihrer Kinderzeit sammele sie Fingerhüte, sagte sie stolz. Aus Metall, aus Holz, aus Plastik, aus
Porzellan, sogar aus Meißen habe sie eine beachtliche
Abteilung zusammen. Fingerhüte aus aller Welt. Einmal
im Monat hole sie, so erfuhr ich weiter, ihre Schätze hervor und staube sie ab. „Dabei stelle ich mir immer die
Frauen vor, die sie getragen haben, und überlege, was sie
damit wohl genäht haben." In meiner Verblüffung fiel
mir die schöne Geschichte von Rainer Maria Rilke ein:
„Wie der Fingerhut dazu kam, der liebe Gott zu sein",
nachzulesen in seinem Buch *Geschichten vom lieben Gott*
(1900/1904). Immer noch eine tolle Lektüre, auch zum
Vorlesen oder Hören bestens geeignet. Und wir kamen
darüber ins Gespräch.

Egal, was es ist, all diese Menschen tun es aus Leidenschaft und finden darin zu tiefer Zufriedenheit. Wenn
Menschen mir bei meinen Besuchen diese Türen öffnen,
brauchen sie mir nicht sagen, wie glücklich und zufrieden es sie macht. Ich sehe es ihnen an.

Der Philosoph Theodor W. Adorno hat am 25. Mai
1969 im Deutschlandfunk einen Vortrag über „Freizeit"
gehalten und darin folgende Meinung geäußert: „Ich
habe kein Hobby. Nicht dass ich ein Arbeitstier wäre, was
nichts anderes mit sich anzufangen wüsste, als sich anzu-
strengen und zu tun, was es tun muss. Aber mit dem,
womit ich mich außerhalb meines offiziellen Berufes ab-

gebe, ist es mir, ohne alle Ausnahme, so ernst, dass mich die Vorstellung, es handele sich um Hobbys, also um Beschäftigungen, in die ich mich sinnlos vernarrt habe, nur um Zeit totzuschlagen, schockierte …" Dem kann ich voll und ganz zustimmen. Hobby ist keine Zeittotschlagbeschäftigung (wie bei vielen das „kurz mal im Internet surfen"), sondern eine ernst zu nehmende Beschäftigung. Was ich bewusst nebenbei in meiner Freizeit tue, das ist ein Teil von mir, nicht „irgendein Hobby". Hobby klingt lapidar und oberflächlich, ja zuweilen doof. Das, was ich mit Freude am Tun tue, tue ich als ein Ausdruck meines Wesens und erlebe dabei: Shalom. Zufriedenheit.

Zum Nachdenken

Neider
Ich habe Neid erfahren, als ich …

....

....

....

....

Richtig neidisch war ich auf …

....

....

....

....

Mein kleiner Augenblick größter Zufriedenheit ist, wenn
ich …

....

....

....

....

Eine Frage zum Einschlafen: Was war heute mein schöns-
ter Moment?

Zorn und Liebe

Kain und Abel und zornige Coronagegner

Das berühmteste Brüderpaar der Literaturgeschichte ist wohl Kain und Abel. Der Zwist der Brüder ist häufig eine Metapher für einen ernsthaften Konflikt. Wenn zwei sich streiten, werden die Gegner gerne mit Kain und Abel verglichen. Doch wer ist dann wer? Wer gewinnt, wer verliert? Und was gilt ein Gewinn um jeden Preis?

Man könnte die Geschichte des mörderischen Bruderzwistes auch unter dem Todsünden-Kapitel „Neid" behandeln. Denn aus Neid kann tödlicher Zorn entstehen. Doch der Zorn hat eine solche Wirkmacht im eigenen Leben wie im Leben der Menschheit, dass eine eigene Betrachtung notwendig ist – leider. Schauen wir also in die Bibel mit ihrem alten, fast möchte ich sagen „archetypischen" Fallbericht. Nachzulesen im Buch Genesis (Kap. 4,1–16).

Kain und Abel sind die ersten Kinder von Adam und Eva. Kain, der Erstgeborene, wird uns als „Ackermann", als Landwirt vorgestellt. Sein Bruder Abel verdient seinen Lebensunterhalt als Schäfer. Was in der Bibel beinahe beiläufig erwähnt wird, ist von immenser kulturgeschichtlicher Bedeutung: Mit dem Bruderpaar stehen sich zwei unterschiedliche Lebensweisen gegenüber. Der Schäfer Abel steht für die ältere Zeit, in der Menschen als Nomaden mit ihrem Vieh von Weideland zu Weideland zogen. Kain hingegen ist Landwirt und damit zwangsläufig sesshaft. Denn einen Acker kann man schließlich nicht mitnehmen. Wer einen Acker besitzt und bewirtschaftet, der bindet sich an das Stück Land, an die Region. Er lebt mit seiner Familie und anderen Familien in Gemeinschaft, in Dörfern oder Städten. Mit der Sesshaftigkeit entstehen Handwerk und Dienstleistungen. Bäcker, Schlachter, Töpfer und Tuchmacher gibt es ebenso wie spezialisierten Landbau; der eine pflanzt Oliven an, ein anderer Getreide, und wieder ein anderer hütet sein Vieh in Ställen und zum Teil auf eingezäunten Weiden. Ein neues Zeitalter der Menschheitsentwicklung beginnt mit Kain. Ein umfassender Kulturwechsel. Die vorherige Phase des Nomadentums stirbt mit Abel – im wahrsten Sinne des Wortes – aus.

Weiterhin wird erzählt, dass Kain und Abel Gott jeweils ein Opfer darbringen. Als Opfer verbrennt Kain „von den Früchten des Feldes", Abel hingegen „von den Erstlingen seiner Herde, und zwar von den Fettstücken". Abels Opfer ist religionsgeschichtlich die alte Art der Darbringung von Tiergaben an die Gottheit. Auch wenn moderne Menschen über die uralte Opferpraxis des Verbrennens die Nase rümpfen, Gott rümpfte nach damaliger Vorstellung nicht die Nase, ganz im Gegenteil, der Rauch und der Geruch des brennenden Fleisches lockte Gott an. Gott wird zu dieser Zeit anthropomorph gedacht. Also, er wird wie ein Mensch gedacht, der sieht und riecht und fühlt und sogar in der Abendkühle gerne mal spazieren geht (wie in der Garten Eden-Geschichte, Gen 3,8). Nun, Grillrauch lockt auch heute noch Gartenpartygäste an; damals wurde der Duft als eine besondere Gottesfreude angesehen. „Als der Herr den lieblichen Duft roch, …", heißt es am Ende der Sintflutgeschichte (Gen 8,21), als Noah ein Tieropfer verbrannte. Während Gott in unserer Geschichte nun Abel mit seiner althergebrachten Opferpraxis „gnädig ansieht", ignoriert er Kains vegetarisches Opfer. Für Kain ist das eine unbeschreibliche Kränkung. Er zürnt dabei nicht allein seinem Bruder, sondern sein Zorn entfacht auch gegen Gott. Da der Mensch zwar in allen Sprachen, nicht aber mit seiner Körpersprache lügen kann, erkennt Gott an Kains Körperhaltung, was in ihm gärt, und spricht ihn daraufhin an: „Warum bist du zornig und senkst deinen Blick?" Die äußere Abwendung Kains wird von Gott auf sein inneres Gefühl zurückgeführt und benannt. Dann folgt eine der psychologisch tiefgreifensten Passagen im Alten Testament. Gott sagt zu Kain: „Wenn du recht handelst, erhebst du dann nicht das Haupt? Wenn du aber nicht recht handelst, steht dann nicht die Sünde an der Tür, ein lauerndes Tier, das nach dir verlangt und das du beherrschen sollst?" Gut beobachtet und gut beschrieben, möchte man Gott zurufen. Meine Großmutter pflegte zu sagen: „Wer dich nicht gerade angucken kann, der hat was zu verbergen." Gottes weise Warnung überhört dieser geflissentlich. Die Schwere und die Bedeutung dieser

Warnung werden – bis heute – auch in Predigten gerne übersehen. Die Handlung des folgenden Brudermordes lenkt alle Aufmerksamkeit auf sich. Doch bleiben wir noch einen Moment bei Gottes Warnung. Wenn du nicht fromm bist, wenn du nichts mit Gott und seiner Liebe zu tun haben willst, lauert „die Sünde vor der Tür". Man kann sich die Sünde in dieser Beschreibung fast wie eine Person vorstellen, wie einen Geist, wie einen „Nebel des Grauens" (analog dem Horrorfilm von 1980), der vor der eigenen Haustür auf den Menschen wartet, ihm auflauert, um ihn im Inneren zu besetzen und sein Handeln auf böse Weise zu bestimmen. Doch das grausige Auflauern kann nicht von alleine tätig werden. „Du aber herrsche über die Sünde", sagt Gott am Ende. Du, der Mensch, bist es, der zulässt, dass sie dich verleitet, dich in Besitz nimmt. Du bist der Herr über sie, nicht sie über dich. So wie eingangs beschrieben: Die Todsünde ist eine Schuldtat, die ein Mensch mit voller Absicht und mit klarem Bewusstsein trifft. Es gibt keinen zufälligen Todsünder. Er will es. Er gibt dem Bösen Macht und setzt es in die Tat um.

Auch Kain schreitet zur Tat. Er lockt seinen Bruder mit den Worten: „Lass uns aufs Feld gehen!" Und dort ließ er seinem Zorn freien Lauf und schlug ihn tot. Er hat seinen Zorn nicht zurückgehalten, was möglich gewesen wäre. Stattdessen tut er das scheinbar Unmögliche: Er ermordet seinen eigenen Bruder.

Berühmt ist die Aufdeckung der Tat. Gott fragt: „Wo ist dein Bruder Abel?" Kains Antwort ist ebenso bekannt: „Ich weiß es nicht. Bin ich denn der Hüter meines Bruders?" Doch Gott lässt sich bekanntlich nicht anlügen. Gott hat einen gewaltigen Zeugen aufzubieten. Das Blut Abels. Gott sagt: „Was hast du getan? Höre, das Blut deines Bruders schreit zu mir von der Erde." Wiederum ein Satz mit großem Hintergrund: Nach der Vorstellung des Alten Testamentes ist das Leben eines Menschen (und eines Tieres) im Blut gegenwärtig. Das Leben steckt im Blut. Ein Mensch (oder Tier) ohne Blut ist tot. Blut haben bedeutet, lebendig sein, das Leben in sich tragen. Dieses ist der Grund, warum bis heute der Blutgenuss beim Essen für Juden verboten ist. Daher meine Bitte am Rande: Bitte bestellen Sie niemals in Israel ein Steak „medium" oder gar „rare". Von Blutwurst ganz zu schweigen … Das umstrittene Schächten dient in diesem Sinne dazu, dass alles Blut und damit das Leben aus dem Tier auslaufen kann.

Das Blut, also das Leben Abels, schreit vom Erdboden zu Gott und entlarvt Kain als Täter. Gott verflucht daraufhin den Mörder und verdammt ihn zu einem ruhelosen Leben. Vorbei ist es zunächst mit der Sesshaftigkeit. Doch Kain findet einen Zufluchtsort, „östlich von Eden". Dort heiratet er und gründet eine Familie. Mehr wird von ihm nicht erzählt. „Es wird nach einem happy end im Film jewöhnlich abjeblendt", schreibt Kurt Tucholsky, aber man fragt sich, ob Kains Ende wirklich ein Happy End gewesen ist. Mit ihm endet keine Geschichte, sondern mit ihm beginnt sie erst. Im Gewand eines uralten Mythos erzählt sie, wie der Zorn in die Welt kam und sein zerstörerisches Werk beginnen konnte. Brudermord. Ein Symbol dafür, dass der Mensch im Zorn sogar seinen Mitmenschen (seinen Mitbruder) töten kann, wenn er dem Zorn keine Grenzen setzt. Und wir wissen: Viele Menschen tun das bis heute nicht.

Buxtehude. Eine schöne Kleinstadt. Es ist Winter. Es ist kalt. Es ist 18 Uhr. Es ist dunkel. Es wird laut. Von ferne ist Hupen, Trommeln, Rasseln, Tröten zu hören. Es kommt immer näher. Eine Menge von ca. 200 Menschen zieht an mir vorbei. Sie machen einen „Spaziergang", wie es später heißt, durch die Straßen der Altstadt. Viele tragen Schilder und skandieren lautstark Sprüche. Auf den Schildern lese ich: „Lügenpresse", „Gegen den Impfzwang", „Wir sind keine Labormäuse", „Corona gibt es nicht!". Ein aufgemalter sog. Judenstern wird hochgehalten mit der Aufschrift „Ungeimpft". Manchmal kann ich gar nicht so viel essen, wie ich ... möchte. Dazu die Sprechchöre: „Impfen tötet, impfen tötet." Eine Woche später: Es ist Montagabend in Buxtehude. Es ist dunkel. Mir wird kalt. Die Corona-Leugner haben sich wie jeden Montagabend erneut versammelt. Eskortiert von der Polizei. Ein Wagen mit Blaulicht fährt vorneweg. Vier Mannschaftswagen sind mit Polizisten voll besetzt. Sie stellen sich an die Kreuzungen und sind bereit, einzugreifen, falls die Demonstration eskalieren sollte. Ich sehe in die Gesichter der Protestierenden. Keiner trägt eine Maske. Auch kleine Kinder sind dabei. Sie werden entweder im Kinderwagen durch den frostigen Winterabend geschoben oder sitzen auf den Schultern ihres Vaters oder Opas. Ich sehe mir das an und versuche für einen Moment, meine Fassungslosigkeit zu vergessen. Stattdessen frage ich mich nach den Gefühlen, die diese Menschen umtreiben. Jeden Montag. Ich fühle ihren Zorn. Zorn auf unseren Staat, der etwas vorschreibt, was ihnen nicht passt. Sie sind auch zornig auf diejenigen, die sich an den Impfungen und das Tragen der Masken halten. An einem Abend kam es zu einem Zwischenfall, der die Polizisten zum Handeln zwang. Demonstranten versuchten maskierten Zuschauern, deren Masken herunterzureißen. Das nennt man Körperverletzung. Ich versuche, in Ruhe darüber nachzudenken: Menschen, die ihren Körper vor einer Impfung schützen wollen, greifen andere Menschen körperlich an! Sie wollen selbst nicht verletzt werden und verletzen deshalb Andersdenkende. Wie schon Cicero gesagt haben soll: *O tempora, o mores.* – O Zeiten, o Sitten.

Dass Zorn auflodern kann und dass Zorn über einen herein- bzw. aus einem herausbrechen kann bis hin zur Gewalt, haben wir bei Kain und Abel gesehen. In der Bibel war das eine einzelne grausame Tat. Bei den Protestlern heutzutage ist der Zorn, so scheint es mir, zu einer Haltung geworden. Es gibt ein neues Wort für sie, das ihnen selbst gefällt: Wutbürger. Mit ihnen zu diskutieren ist – schlimm, das zu sagen – zwecklos. Ich habe es versucht. Aber jedes Argument von mir bestätigt meinen demonstrierenden Gesprächspartner. „Da sehen Sie mal, man hat Sie auch schon umgedreht." Was kann man da noch entgegnen? So schreiten sie weiter und ihr Protestgetöse hallt durch die kalte Nacht.

Auch Kain ging weiter. Ob er weiterhin zornig über seinen von ihm erschlagenen Bruder war oder zornig über Gott, der ihn verbannte, ist nicht überliefert. Die Bibel berichtet nur, dass er „von dem Angesicht des Herrn hinwegging" in ein anderes Land. Dort heiratete er und wurde Vater. Es scheint so, als habe er mit sich und mit Gott Frieden gefunden. Aber wozu bedurfte es zuvor dieser Mordskatastrophe? Werden die Montagsspaziergänger auch einmal mit sich und unserm Staat Frieden finden? Von allen Lebenseinstellungen, die ein Mensch für sich wählen kann, ist Zorn wohl die brüchigste. Irgendwann nagt der Zorn so an einem selbst, dass meistens der Mensch selbst und vor allem seine Beziehungen zu anderen zerbrechen.

So berichtete es mir einmal eine Frau in unserer Kleinstadt. Ihr Mann geht auch montags „spazieren", aber weder sie noch ihre erwachsenen Kinder gehen mit. Sie können nicht nachvollziehen, wie er denkt und was er macht. Sie sagte zu mir: „Die Stimmung bei uns ist eisig. Wir haben immer und immer wieder versucht, zu diskutieren, aber er blockt ab. Inzwischen redet er kaum noch mit uns. Es ist fürchterlich. Jetzt zürnt er nicht nur dem – wie er sagt – ‚Corona-Diktatur-Staat', sondern auch uns, seiner Familie." Die Frau war ratlos. Ich war es offen gestanden auch und bin es bis heute. Ich konnte ihr nur zuhören und ihre Zerrissenheit mitfühlen. Und ich fühlte die Wortbedeutung am eigenen Leib: „Zorn" und das Verb „zerren" gehen auf die gleiche Sprachwurzel zurück. Zorn zerreißt. Zorn heilt nicht. Niemanden. Niemals.

Der verlorene Sohn und liebende Erfahrungen

Vorweg: Der Kern der ganzen Bibel, Altes wie Neues Testament, beschreibt eine einzige große Liebe. Gemeint ist die Liebe Gottes zu den Menschen. Unter dieser göttlichen Liebeszusage finden sich auch Liebesgeschichten zwischen Menschen. Besonders beeindruckt mich das Gleichnis Jesu vom verlorenen Sohn (vgl. Lk 15,11–24). Man könnte auch vom Gleichnis vom liebenden Vater sprechen. Viele Menschen kennen die Story, die Jesus damals erzählt hat. Sie erscheint heute wie eine biblische Vorlage für einen dramatischen Hollywood-Film. Als Besetzung könnte ich mir Mario Adorf als Vater vorstellen und den Sohn gespielt von Til Schweiger. Anspruchsvolle Rollen.

Jesus erzählt, wie ein Sohn bei seinem Vater vorstellig wird und ihn bittet, ihm vorzeitig sein Erbe auszuzahlen. Nach Erhalt des Erbes wird er dann den väterlichen Hof verlassen und sein Glück woanders suchen. Am besten weit weg von zuhause. Wir können uns die Brisanz dieser Bitte gar nicht hoch genug vorstellen. Mit der Forderung nach Auszahlung des Erbes, das der Sohn erst nach dem Tod des Vaters bekommen hätte, erklärt er ihn jetzt schon zu Lebzeiten für gestorben. Das war zu Jesu Zeit ein Affront, der nicht härter hätte sein können. Verständlich wäre es gewesen, wenn der Vater seinem Sohn eine Ohrfeige gegeben hätte (damals tat man so was, heute kommt das zum Glück seltener vor). Aber nein. Jesus sagt ganz lapidar: „Da teilte er den Besitz unter sie auf. Wenige Tage darauf packte der jüngere Sohn alles zusammen, zog fort in ein fernes Land ..." Über die Gefühle des Vaters können wir nur spekulieren. Die Pointe der Geschichte kommt aber erst noch. Zunächst heißt es einfach: „und [er] vergeudete dort sein Vermögen durch ein verschwenderisches Leben." Ich stelle mir vor – auch wenn das nicht im Gleichnis steht –, dass der Sohnemann mit viel Geld in den Taschen auch viele Freunde gefunden hat. Spendabel ist er sicher gewesen und hat gezeigt, was er hat. Aber das Leben läuft nicht immer so, wie man es plant. So geht es auch dem Sohn: „Nachdem er alles durchgebracht hatte, kam eine schwere Hungersnot über das Land und er fing an, Mangel zu leiden." Tja, blöd gelaufen. Naturkatastrophen können jederzeit und überall passieren. Sie sind überall auf der Welt zu finden, nur in unserer Lebensplanung kommen sie nicht vor. Was tun? Jesus fährt fort: „Da ging er zu einem Bürger jenes Landes und drängte sich ihm auf; der schickte ihn auf seine Felder zum Schweinehüten. Gerne hätte er sich den Magen mit den Schoten gefüllt, die die Schweine fraßen, aber niemand gab sie ihm." Bei diesem Teil der Geschichte dürfte den Zuhörern Jesu in Israel speiübel geworden sein. In Israel galten und gelten bis heute Schweine als unrein. Wer sie hütet, ist deshalb ebenso unrein. Ein frommer Mensch in Israel würde jeden Kontakt meiden. Wenn der Sohn dann noch Schweinefraß essen will, dann dreht sich wohl den meisten in Israel der Magen um. Was folgt, ist ein – auch aus heutiger psychologischer Sicht – interessanter Prozess der Selbstreflexion: „Da ging er in sich und sagte: Wie viele Taglöhner meines Vaters haben Brot im Überfluss, ich aber komme hier vor Hunger um. Ich will mich aufmachen und zu meinem Vater gehen und zu ihm sagen: Vater, ich habe gesündigt gegen den Himmel und vor dir. Ich bin nicht mehr wert, dein Sohn zu heißen; halte mich wie einen von deinen Taglöhnern."

Was für eine bittere Erkenntnis. Was für ein unendlich schwerer Entschluss, zum Vater zu gehen, den er einst selbst für tot erklärt hat, indem er um das Erbe bat. Aber er nimmt es auf sich und geht los, denn sein eigener Hungertod hat bereits an seine Tür geklopft. Er hat nichts mehr zu verlieren. Wir wissen nicht, ob er sich die Frage stellte, was sein Vater auf seine Bitte hin sagen und tun würde. Er könnte ihn vom Hof jagen wie einen räudigen Hund oder sich schweigend abwenden. Doch es kommt anders. Ganz anders. Bevor der Sohn überhaupt seine Bitte äußern kann, passiert das Unfassbare: „Dann machte er sich auf und ging zu seinem Vater. Sein Vater sah ihn schon von weitem kommen, wurde von Mitleid bewegt, lief herbei, fiel ihm um den Hals und küsste ihn." Das ist Liebe. Reinste Liebe. Von Vergebung wird nichts gesagt. Das muss es auch nicht. Zwischen den Zeilen von Jesu Gleichnis ahnen wir: Der Vater hat die Liebe zu seinem Sohn niemals aufgegeben. Ihn in einem solch erbärmlichen Zustand zu sehen, lässt den Vater nicht im Mitleid erstarren, sondern er läuft ihm entgegen, umarmt und küsst ihn. Sodann, so erzählt Jesus, kleidet er ihn mit der besten Kleidung ein und lässt ein Freudenfest samt Mastkalb vom Grill ausrichten.

Das Gleichnis hat Jesus – wie sollte es auch anders sein – mit einem starken Hintergedanken erzählt: Der Vater steht für Gott. Der Sohn steht für uns Menschen. Und so vermittelt er uns die Botschaft: Wir können Gott missachten, wir können ihn für überflüssig oder tot erklären, doch das kümmert Gott nicht. Seine Liebe zu uns ist größer. Gott ist es, der auf uns zukommt, egal welchen Mist wir gebaut haben. Gottes Liebe rechnet nicht mit uns ab, sondern sie baut uns auf.

Einen Großteil der Literatur sowie der Schlager-, Pop- und Rockmusik würde es wohl nicht geben, ohne das vielschichtige Thema Liebe. Der Dichter Heinz Kattner hat einmal geschrieben: „Es gibt nur zwei Themen: Liebe und Tod. Alles andere sind Unterthemen." Das Erstaunliche an der Liebe ist, dass sie uns in jedem Lebensalter in anderen Spielarten begegnet, doch immer dieselbe ist. Es ist die innige Form von herzensguter Zuneigung. Es beginnt mit der Geburt. Eltern halten ihr neugeborenes Kind im Arm und lieben es. Angeblich ist das ein angeborener Instinkt, aber das ist mir egal. Ich habe die Liebe in den Augen meiner Tochter und meines Schwiegersohns gesehen, als ihr kleiner Sohn Jakob geboren war. Und nachdem ich meinen Enkel zum ersten Mal im Arm gehalten hatte, sagte meine Frau zu mir: „Den hast du aber ganz verliebt angeguckt." Ja, da war sie, eine leise, aber doch alles erfüllende Liebe. Wie wunderbar ist es, wenn ein Kind von Anfang an von solcher Liebe umgeben ist. Liebe ist Urvertrauen.

Ein Kind wächst heran. Und eigentlich alle Eltern erleben, dass ihr „kleiner Engel" des Öfteren zum „Bengel" mutiert. Was haben wir früher oftmals geschimpft („Nein, du sollst nicht die Tapete anmalen!") oder getadelt („Du steckst nicht nochmal Papas Autoschlüssel in den Videorecorder!") oder auch mal gedroht („Wehe, du spielst noch einmal an der Steckdose rum, dann …!"). Doch in den meisten Fällen steckte hinter alldem elterliche Sorge und Liebe.

Es folgen Kita, Kindergarten, Einschulung und schließlich die Zeit nach der Grundschule. Wie oft haben meine Frau und ich uns ungläubig angeschaut und gestaunt: Meine Güte, wie schnell doch die Zeit vergeht! Dieser Rückblick ist genauso von Liebe geleitet wie die elterliche Angst mit Blick auf die Gegenwart.

Spätestens ab der Konfirmation- bzw. mit der Firmung beginnt ein neuer Lebens- und Liebesabschnitt. Es heißt oft, dass das Kind, inzwischen zum Jugendlichen herangewachsen, sich mit Eintritt in die Pubertät von den Eltern „abnabele". Die Jugendlichen entwickeln eine eigene Weltsicht, immer rückgebunden an das, was sie von den Eltern gelernt haben und vorgelebt bekommen. Alles wird geprüft, oft in Frage gestellt und kritisiert. „Meine Alten sind echt spießig und voll daneben." – Solch derbe

Sätze habe ich schon von Konfirmanden gehört, musste schmunzeln und frage mich hin und wieder, wie wohl unsere Kinder über uns geredet haben. Hinter solcher Kritik steckt wiederum eine Form der Liebe. Liebe bedeutet auch, jemanden in Frage zu stellen, weil er es mir wert ist. Liebenswert.

Dann die erste große Liebe. Meine hieß Corinna. Ich kannte sie seit der fünften Klasse, doch in der neunten Klasse fand ich sie auf einmal super. Ich entdeckte, dass sie richtig hübsch ist. Wenn wir in der Pause miteinander redeten, fühlte es sich ganz kribbelig an. Viel später erst lernte ich dafür den Ausdruck „Schmetterlinge im Bauch" kennen.

Eines Tages fragte Corinna ganz unvermittelt: „Warst du schon mal in dem neuen Eiscafé bei Euch in Jesteburg?" „Nö", sagte ich. „Dann lass uns doch mal beide dahin. Ich komme heute Nachmittag mit der Bahn. Holst du mich ab?" Wow, ich bekam kaum Luft. Mein Herz schien so laut zu schlagen, dass ich meinte, man könne es durch mein Indianer-Hemd (die Mode der 70er) sehen. Nach der Schule zählte ich zuhause zunächst mein Taschengeld, zog mich um – T-Shirt mit Ochsenaugenmotiv (kein Kommentar) – und musste auch schon wieder los, um Corinna vom Bahnsteig abzuholen. Da stand sie. Auch sie war schicker angezogen als in der Schule, und wir gingen gemeinsam Eisessen. Ich habe sie natürlich eingeladen. Bis heute weiß ich es:

Sie nahm den Erdbeerbecher für 4,50 Mark. Ich schlug vor, ihr noch etwas von Jesteburg zu zeigen, und so gingen wir los. Die Sonne schien vom blauen Sommerhimmel. Irgendwann saßen wir nebeneinander am Flüsschen im hohen Gras. Mein Herz klopfte noch immer. Trotz monatelanger Lektüre der BRAVO fand ich keine passenden Worte, ihr zu sagen, wie toll ich sie fand. Also redeten wir über alles Mögliche. Die Schule, den doofen Französischlehrer, den arroganten Klassensprecher, die nahen Sommerferien ... Dann schaute sie auf ihre Uhr; ihr Zug nach Buchholz fuhr schon bald. Am Bahnsteig angekommen, wandte sie sich unvermittelt zu mir und gab mir ein Küsschen. Es folgte der erste richtige Kuss. Der Zug kam und sie stieg mit einem verträumten Lächeln ein. Ich glaube, ich saß noch minutenlang auf dem Bahnsteig und alles drehte sich um mich. Am nächsten Tag in der Schule gingen wir Hand in Hand während der Pause über den Schulhof und gaben uns kleine Küsschen. Diese erste Liebe – übrigens: außer küssen ist nichts weiter passiert – endete abrupt nach den Sommerferien. Ihre Eltern zogen nach Düsseldorf. Meine Gefühlswelt brach zusammen. Zur Liebe gehört auch der Schmerz.

Auf die erste Jugendliebe folgt meistens die nächste Form der Liebe mit ihrer sexuellen Komponente. Zu meiner Zeit häufig in der Ausbildungsphase oder im Studium. Heute passiert das viel früher, so sagen es zumindest die Jugendlichen in meinen Jugendgruppen. *„The times they are a-changin' …"*, um Bob Dylan zu zitieren. Man lernt jemanden kennen, verliebt sich, hat Sex miteinander, die Freundschaft hält vielleicht ein bis zwei Semester, dann sagt man Lebewohl und das Spiel des Lebens geht weiter. Liebe ist in dieser Phase auch eine Zeit des Ausprobierens und des Sich-selbst-Kennenlernens.

Irgendwann ist es dann so weit. Man lernt den- oder diejenige kennen und merkt: Das ist die Frau, das ist der Mann, mit dem ich zusammen sein möchte. Die Beziehung festigt sich. Das Paar zieht in eine kleine gemeinsame Wohnung. Der Wunsch nach fester Partnerschaft oder sogar der Ehe wächst und wird – wenn alles gut geht – umgesetzt. In meinen über 30 Jahren als Pastor habe ich unzählige Traugespräche geführt. Gerade dieser Moment, in dem der Entschluss zur Ehe gefasst wird, ist für viele fest im Gedächtnis eingebrannt. Wann und wo stellte wer die entscheidende Frage: „Willst du mich heiraten?" Nun bedeutet Liebe, auf Dauer gemeinsam leben zu wollen, das Leben zu genießen und sich – wenn man denn will – auf Kinder zu freuen. Und mit der Geburt des ersten gemeinsamen Kindes beginnt der Kreislauf der Liebe von neuem.

Gleichzeitig geht das Spiel der Liebe auch weiter. Wenn die Kinder groß sind, steht bei vielen Paaren die Ehe zur Disposition. Statistiken aller Richtungen zeigen es deutlich. Es wird gesagt: Wir orientieren uns neu. Scheidungen sind gesellschaftlich akzeptiert, ja fast schon selbstverständlich. Liebe geht ihre eigenen Wege. Sie ist wie eine Oase, von der ein durstiger Wüstenwanderer weiß, dass es sie gibt, und hofft sie zu finden.

Die Liebe im Alter hat wieder ein anderes Gesicht. Wie schön finde ich es, ein Rentnerehepaar zu sehen, das Händchen hält oder im Restaurant herzhaft miteinander lacht. Die erotische Komponente mag bei manchen (nicht bei allen) keine Rolle mehr spielen, dafür zeigt sich Liebe in der Vertrautheit, in der Herzlichkeit zueinander, in der Gewissheit, dass der eine für den anderen da ist und sich um ihn kümmert. In guten wie in schlechten Tagen. Liebe ist das Fundament, das trägt und stützt, auch wenn man selbst schon einen Rollator braucht.

„Bis dass der Tod uns scheidet", heißt es in der kirchlichen Trauung. Was aber, wenn der Tod da ist? Der Hinterbliebene erfährt vor allem Verlust und tiefe Trauer – die Liebe bleibt. Das beschreibt auch Paulus: „Die Liebe hört niemals auf. … Jetzt bleiben Glaube, Hoffnung, Liebe, diese drei; doch am größten unter ihnen ist die Liebe." (1 Kor 13,8.13) Der verstorbene geliebte Mensch bleibt in der Liebe des Hinterbliebenen und in der Liebe Gottes aufgehoben. Das ist kein Satz, den man glauben muss. Das ist ein Satz, den jeder erfahren kann. Viele Trauernde – und es waren wirklich viele – sagten mir, dass sie nach Tod und Beisetzung eines geliebten Menschen auf einmal und ungeplant das Gefühl hatten, der bzw. die Verstorbene sei jetzt bei ihnen, ja stünde direkt in der Wohnung hinter ihnen. Sie spürten die Anwesenheit. Wer will da widersprechen?

Zum Nachdenken

Sicherlich gibt es Personen und Situationen, die Ihr Herz erfüllen.

Tragen Sie einmal all das hier ein:

Wollust und Zärtlichkeit

König David und das wollüstige St. Pauli

Das waren noch Zeiten: Bis in das späte Mittelalter schrieb man statt „Wollust" noch das Wort „Wohllust". Im Sinne von „Lustgefühl" war es überaus positiv gemeint, während der Begriff „Wollust" erst seit dem 19. Jahrhundert eindeutig negativ besetzt ist und ein „unkeusches", ja triebhaftes Verhalten impliziert.

Die Beschreibung der Lust, bezogen auf sexuelles Wollen und Begehren, reicht weit zurück bis in die Antike. Wenn man heutzutage die Mythen der alten griechischen Götter vom Olymp liest, kann man meinen, diese Geschichten seien erst ab 18 Jahren freigegeben. Sobald Zeus und all die Götter wie Poseidon, Apoll, Hermes etc. auch nur von ferne eine schöne Nymphe oder menschliche Maid erblicken, geht es auch schon zur Sache. Vergewaltigungen waren bei den olympischen Göttern an der Tagesordnung. Nicht mal Hera oder Pallas Athene konnten eine „Me Too"-Debatte einfordern. Wenn der Mann ein sexuelles Verlangen verspürte, musste die Frau sich fügen. In dieser Hinsicht haben sich die Zeiten bis heute leider noch nicht grundlegend geändert. Männer, nicht nur im Showbusiness, die wie Harvey Weinstein oder Bill Cosby über fast unbeschränkte Macht und Geld verfügen, meinen immer noch, ihnen gehöre die Frauenwelt. Auch religiöse Texte und Sätze, wie „Das Weib sei untertan dem Manne" (vgl. Eph 5,21–27), haben jahrtausendelang ein Bild geprägt, das erst allmählich kritisch gesichtet und verändert wird. Die drei großen monotheistischen Religionen Judentum, Christentum und Islam haben noch einiges aufzuarbeiten.

Im 11. Kapitel des zweiten Buchs Samuel geht es um Wollust, Ehebruch und Mord. Alles hängt miteinander zusammen! Die Leserschaft darf entgeistert sein, denn der Haupttäter ist kein anderer als der ruhmreiche König David. Auf dem Höhepunkt seiner Macht ergibt sich folgende Episode: „Eines Abends erhob sich David von seinem Lager und ging auf dem Dach seines Königspalastes spazieren. Dabei sah er vom Dach aus eine Frau, die badete. Die Frau aber war ausnehmend schön." Besser hätte auch ein griechischer Göttermythos diesen Augenblick nicht beschreiben können. „David", so heißt es weiter, „sandte jemand hin, um sich nach der Frau zu erkundigen. Man berichtete ihm: Das ist Batseba, ... die Frau des Hetiters Urija." König David weiß also nun, um wen es sich handelt, um die Ehefrau eines seiner besten Krieger. Und so tut er alles, was folgt, bewusst und ohne Skrupel: „Darauf schickte David Boten hin, um sie zu holen. Sie kam zu ihm und er schlief mit ihr ... Dann kehrte sie in ihr Haus zurück." Was soll man dazu noch sagen? Auch ein König wie der große David ist nur ein Mensch, ein männlicher Mensch? Nein, diese Entschuldigung gilt nicht. Nicht einmal zu seiner Zeit war ein solches Verhalten akzeptabel. Nicht einmal, wenn man

König war und über alle Macht verfügte. Ehebruch steht gegen das sechste Gebot; da hilft keine noch so kluge Interpretation. Es bleibt auch nicht beim Ehebruch, denn der Sex zur Abendzeit hat ein Nachspiel: „Als nun die Frau schwanger wurde, ließ sie David mitteilen: Ich bin schwanger." David wäre nicht David, hätte er nicht sogleich einen Plan. Er lädt Urija, Batsebas Ehemann, zum Essen ein und überreicht ihm sogar Geschenke. Er fährt die besten Speisen und Getränke auf, ja, er „versuchte, ihn betrunken zu machen". Warum das Ganze? Will er Urija bestechen? Will er, dass Urija zu Batseba geht und mit ihr schläft, damit die Schwangerschaft dem Ehemann zugeschrieben werden kann? Letzteres wird in der Bibelwissenschaft als wahrscheinlich angesehen. Nur Urija ist pflichtbewusst. Da seine Männer die Nacht auf dem Schlachtfeld verbringen, will er nicht bei seiner Frau im warmen Bett schlafen. Davids Plan geht nicht auf. Eine neue Idee muss her. Sie ist so raffiniert, dass selbst Inspektor Columbo Probleme beim Lösen des Mordfalles gehabt hätte: David wendet sich per Brief an den Hauptmann seiner Armee und befiehlt: „Stellt den Urija in den heftigsten Kampf vorn hin. Dann zieht euch hinter ihm zurück, damit er getroffen wird und den Tod findet!" Das ist Mord, kaltblütig geplanter Mord. Und so geschieht es. Urija wird im Kampf erschlagen. Alleingelassen von dem Heer auf Geheimbefehl des Königs. Die Geschichte geht zunächst so weiter, wie David es erhofft hat. „Als nun die Frau des Urija erfuhr, dass ihr Mann tot war, hielt sie die Totenklage für ihren Mann. Nachdem aber die Trauerzeit vorüber war, nahm sie David zu sich in sein Haus. So wurde sie seine Frau und gebar ihm einen Sohn." Keiner hat etwas gemerkt. So scheint es zumindest. Aber Sie ahnen es wahrscheinlich schon: „Die Tat, die David verübt hatte, missfiel dem Herrn."

Erstaunlich ist, dass Gott dem ganzen bösen Treiben zuschaut, ohne einzugreifen. Das ist kein Einzelfall: Adam und Eva konnten von Gott ungestört den Sündenfall begehen und von der verbotenen Baumfrucht essen. Kain konnte Abel erschlagen, ohne dass Gott ihn zurückhielt. Das Volk Israel baut sich ein Goldenes Kalb und der wahre Gott Israels lässt sie gewähren. Und selbst Jesus wird von Judas verraten und zum Tode verurteilt ohne Gottes Eingreifen. Gottes Umgang mit den Übeltaten der Menschen ist seit dem Alten Testament bis heute ein großes Thema, nicht nur für Theologen: „Warum lässt Gott das zu?", ist eine der häufigsten Fragen in Trauergesprächen, bei denen ein Unfalltod, Kindstod oder Suizid der Anlass zur Trauer sind. „Wo war Gott?" Die Frage lässt sich zwar theologisch leicht beantworten: „Wir sind alle in Gottes Hand, verstehen aber als Menschen nicht sein göttliches Handeln." Doch für unser Gefühl ist das schwer zu ertragen, vor allem, wenn wir uns selbst von Gott verlassen fühlen – so wie einst Jesus am Kreuz.

Bei König David braucht Gott keine drei Tage für eine entsprechende Antwort. Schon im nächsten Kapitel erfahren wir, dass er Nathan zu David schickt. Nathan ist zur damaligen Zeit der bekannteste und als Autorität anerkannter Prophet. Wie die Pythia in Delphis Orakel gibt er Auskunft im Namen des Herrn. Seine zunächst rätselhaften Sprüche und Geschichten sind leicht zu deuten (im Unterschied zur griechischen Pythia). Nathan bittet David um eine höchstkönigliche Entscheidung. Es handelt sich um einen Streit zwischen einem reichen Mann mit vielen Schafen und einem armen Mann, der nur ein „einziges kleines Schäflein" hat. „Es war bei ihm und wurde mit seinen Kindern groß. Es aß von seinem Brot und trank aus seinem Becher; es schlief in seinem Schoß und war ihm wie eine Tochter." Nun aber bekam der reiche Mann einen Gast zu Besuch. Der Reiche entpuppt sich als Geizhals und will keines seiner eigenen vielen Schafe schlachten. Also schnappt er sich – natürlich ungefragt – das Schäflein des Armen und brät es (das Rezept ist nicht überliefert). David hört Nathans Bericht und gerät in royalen Zorn: „So wahr der Herr lebt: Der Mann, der so etwas getan hat, verdient den Tod." Woraufhin Nathan nur noch feststellen muss: „Du selbst bist der Mann! … Warum hast du den Herrn missachtet, indem du tatest, was böse ist in den Augen des Herrn?" Gott kündet David schwere Strafen an. Wie gesagt: Er kündet sie an, Gott droht nicht (denn wer droht, ist schwach; Gott ist es nicht). Unheil soll wie ein Fluch über Davids Haus hängen und seine Frauen (Plural: Harem!) sollen andere Männer bekommen. David ist ertappt und am Ende. Er gelobt Reue und fast ist man auf seiner Seite und nimmt ihm sein Eingeständnis seiner Todsünde ab. Doch die Aufmerksamkeit wird sogleich durch die schreckliche Androhung durch Nathan auf sich gezogen: „Du wirst nicht sterben. Weil du aber durch diese Tat den Herrn verachtet hast, so soll der Sohn, der dir geboren wurde, sterben." Der Sohn des Ehebruchs ist nunmehr totgeweiht.

Wieder scheint Gottes Handeln von der Logik her nachvollziehbar, aber emotional ist es kaum zu ertragen. Gott lässt einem Menschen die Freiheit, eine Untat zu begehen. Die Folgen dieser Untat haften nach damaligem Verständnis am Täter und sind nicht abwaschbar. Noch schlimmer: Überall, wo der Sünder mit anderen Menschen zusammen ist, besteht die Gefahr, dass sich andere an der anhaftenden Untat anstecken, wie an einem unsichtbaren Virus. Auch Gott kann die Sünde nicht wegnehmen! Er kann es nicht! Sie hat eine eigene Wirkmächtigkeit, die am Ende auf den Sünder zurückfällt. Wie heißt es doch in der Bibel: „Wer eine Grube gräbt [= Untat], fällt selbst hinein [= Folge der Untat, die dem Täter anhaftet], und wer einen Stein hochwälzt, auf den rollt er zurück." (Spr 26,27) Zugegeben, ein sehr altertümlicher Gedanke. Manche Zeitgenossen halten ihn heute für ‚primitiv‘. Ich halte ihn für ‚einfach‘ und in seiner Logik nachvollziehbar. Gott kann die Sünde zwar nicht wegzaubern, aber er kann sie umleiten. Die Sündenstrafe bei Mord ist der Fluch des Todes. Das kann auch Gott nicht ändern. Aber er kann den Fluch umleiten auf die Person des Sohnes. Er stirbt also an Davids statt. Der Tod Jesu „für unsere Sünden" lässt sich genauso deuten.

Für uns ist das emotional unerträglich. Der Sohn ist unschuldig und muss für den Vater sterben. Heute undenkbar! Damals aber gedanklich möglich. Und manchmal kommt auch in der Gegenwart ein solches Denken vor. Beispielsweise musste die Nachkriegsgeneration die „Sünden der Väter" bzw. „des Volkes", also Krieg, Vertreibung und Holocaust, tragen – auch die Kinder des Krieges, die selbst nicht Täter waren.

Davids bewusste Wollust hat den Kreislauf der bösen Taten in Gang gebracht. Erst der Ehebruch, dann der Mord an Urija, zum Schluss der Tod des Kindes. Wollust ist keine Lustbefriedigung, sondern birgt die Saat eines bösen Schicksals.

Wenn sich jemand aufmacht, um Pastor (Pastorinnen sind im Folgenden mitgemeint) zu werden, dann hat er einen langen, anstrengenden, aber auch interessanten

Weg vor sich. Bei mir war da zunächst das Theologie-studium. Gleich zu Beginn stand ich vor den Hürden der drei alten Sprachen. Latein, Altgriechisch und Hebräisch waren zu lernen und per Prüfung zu bestehen. Dann kamen die Vorlesungen und Seminare über das Alte und Neue Testament, die Kirchengeschichte, die Entstehung und Auslegung von Glaubenssätzen (Dogmatik) in den letzten 2000 Jahren. Dazu noch Philosophie und Ethik und Predigttheorie. Als ich das alles geschafft hatte und das Erste Staatsexamen in der Tasche hatte (heute wohl den Master), wurde es endlich praktisch. Es ging in das zweijährige Vikariat. Weg von den Kochrezepten, ran an den Herd. Jeder Vikar war einer Gemeinde und einem erfahrenen Pastor vor Ort zugeordnet. Jetzt lernte ich das Handwerk des Gemeindepfarramtes. Gottesdienste, Abendmahl, Taufen, Trauungen, Beerdigungen, Konfir-mandenunterricht und – überaus wichtig – kirchliche Verwaltung. Damit wir Vikare die Gemeinde nicht für die einzige Wirklichkeit halten, mussten jeder von uns ein mehrwöchiges Praktikum außerhalb der Gemeinde absolvieren. Den Ort durften wir ganz nach Geschmack und Laune wählen (was bei „Kirchens" doch eher selten vorkommt). Manche zog es zur Urlaubsseelsorge an die Strände der Nordsee. Das war nichts für mich, ich mag nicht zelten. Andere wählten die Militärseelsorge auf dem Fliegerhorst Wunstorf (Transallflug inklusive) oder die Gefängnisseelsorge. Wieder andere wollten einmal die Arbeitswelt erleben und stellten sich beispielsweise bei VW für sechs Wochen ans Fließband. Es gab tatsächlich angehende Pastoren, die noch nie mit ihren Händen gearbeitet hatten, da wurde es Zeit.

Mich zog es ganz woanders hin: Ich ging zurück zum Hauptort meines Studiums, nach Hamburg. Genauer: nach St. Pauli. Dort am Pinnasberg direkt beim Hafen wohnte mein Studienfreund Freimut. Wir hatten immer zusammen gelernt, egal ob Vokabeln, Bibelstellen oder Geschichtsdaten. Manchmal bis in den späten Abend. Dann sind wir noch in eine Kneipe auf ein Gute-Nacht-Bier gegangen. Meistens in den „Silbersack" am Hans-Albers-Platz. Dort waren auch viele „Mädchen", wie man auf dem Kiez so sagt. Prostituierte, die wir über die Zeit bald mit Namen kannten. Unglaublich nette Mädels, die gern mit uns ins lockere Gespräch kamen. Über alles schnackten wir, nur über ihre Arbeit verloren wir nie ein Wort.

In meinem Praktikum wollte ich nun Jahre später zurück auf den Kiez. Nun aber, um die Institutionen und Personen kennenzulernen, die für die Menschen auf St. Pauli arbeiten: den Pastor von St. Pauli (nein, nicht Jan Fedder) und seine Gemeinde, die Diakonie, die Heilsarmee und hauptsächlich die Polizisten von der Davidwache. Letztere wurde mein Hauptstützpunkt. So etwas hatte es in der Geschichte der Hansestadt Hamburg noch nicht gegeben. Ein Vikar macht den Schichtdienst auf der Davidwache mit! Dafür mussten der Bischof von Hannover und der Hamburger Innensenator extra eine Genehmigung unterschreiben. Schließlich begleitete ich die bewaffneten Polizisten und durfte in der „Minna" (Polizeiauto) mitfahren, in der auch Waffen mitgeführt wurden. Letztlich wurde es genehmigt. Neben den Uniformierten war ich nun in Zivil im Namen des Herrn unterwegs. Stets neugierig.

Zu den Aufgaben der Polizisten gehörte vor allem das „Streife gehen". Auch nachts um 1 Uhr. Mehrmals haben sie mich mitgenommen. In der Zeit habe ich in viele kleine, dunkle Gassen geguckt oder hinter Müllcontainer. Natürlich geht es auch unangemeldet in gewisse Etablissements. Ohne vorherigen Plan heißt es dann: „Heut gucken wir hier mal rein." Rein in Bordelle, Laufhäuser, Sexshops, aber auch Cafés und Bierhallen. In jener Nacht ging die Streife in ein Striplokal. Hinter der Tür hing ein schwerer Samtvorhang. Dahinter waren eine kleine Theke, eine Bühne und davor einige Sessel. Alles in rotes Licht getaucht (natürlich: Rotlichtmilieu), nur über der Theke hingen Halogenlämpchen. Die Bühne war mit Scheinwerfern grell beleuchtet. Mitten auf der Bühne die obligatorische Aluminiumstange, an der gerade eine Stripperin mit dem Rücken zum Publikum ihren BH auszog. Das Publikum bestand aus drei jungen Männern, die schon ziemlich angetrunken wirkten. Die Frau auf der Bühne drehte sich langsam zu ihnen um. Ihr Gesicht werde ich nie vergessen. Sie war geschminkt, als wäre sie 20 Jahre alt, doch auch Kajal, Rouge und Lippenstift können ein Gesicht nicht vollkommen ändern. Sie war mindestens 40 Jahre alt, wenn nicht älter. Nun ließ sie ihren Slip fallen, und die Betrunkenen grölten Obszönes. Selbst die Polizisten fanden das zum Fremdschämen und unangenehm. Dazu muss man wissen, dass das Verhältnis der Kiezleute zur Polizei besser ist, als manch einer denken mag. Man kennt sich, man hilft sich.

Ich dachte, ich sehe nicht richtig, als plötzlich der Wirt einen Rollwagen mit Fernseher und Videorecorder neben die Stripperin schob und einen Hardcore-Pornofilm anmachte. Offenbar brachte die Stripperin nachts um 2 Uhr nicht mehr die richtige Stimmung ins Publikum. Dann muss also zusätzlich ein Porno laufen. Die Frau verließ die Bühne und die Polizisten sagten lächelnd zu mir: „Na, jetzt wollen wir mal von den Jungs da die Personalien kontrollieren und fragen, ob die noch Auto fahren wollen. Wir nehmen uns Zeit!" Gesagt, getan. Ich nahm an der Minitheke Platz. Der Wirt stellte mir ungefragt einen Kaffee hin. „Für die Bullen geht das aufs Haus", meinte er und winkte ab, als ich das Portemonnaie ziehen wollte. Einen Moment später kam die Stripperin, in einen alten Bademantel gehüllt, und setzte sich neben mich. Es waren nur drei Barhocker an der Bar und ich saß auf dem mittleren.

Der Wirt stellte auch ihr wortlos einen Becher Kaffee und ein großes Glas Mariacron hin. Sie steckte sich eine Zigarette an, trank, guckte über die Schulter zu mir und fragte: „Na, gehörst du auch zur Bullerei?" „Nein", antwortete ich, „ich bin hier nur der Praktikant bei der Wache." „Na, da kriegste ja was zu sehen. Gut, dass sich die Bullen die geilen Böcke da vorne mal vornehmen." Ich wusste nicht recht, was ich sagen sollte. Also Small Talk. „Haben Sie heute noch lange zu tun?", fragte ich. „Ey, sach Du zu mir, ich bin die Angie." – „Okay, und ich bin Matthias." – „Ja, bis um 4 bin ich hier. Aber schon jetzt bin ich fix und foxi." – „Haben Sie, äh du, viele Kolleginnen hier?" – „Ja, zwei sind noch da; aber in ein paar Jahren will ich hier raus. Haste ja gesehen, die Böcke wollen junges Fleisch sehen. Hier hängt ja schon alles." (Sie fasste sich an ihre Brüste.) – „Und was machst du dann, Angie?" – „Vom Kiez komme ich nicht weg, wohin soll ich denn? Ich hab' 'ne Freundin, die macht im „Salambo" Garderobe und Klofrau. Die ist schon über 70 und kann nicht mehr. Sie will dafür sorgen, dass ich ihren Job kriege." Sie zündete sich noch eine Zigarette an und bekam wieder eine „Maria" hingestellt. Sie trank den Weinbrand in einem Zug als wäre es Wasser. Sie wirkte dabei überhaupt nicht angetrunken. Ihr Gesicht steht mir immer noch vor Augen. Die tiefen Falten. Die müden, eingesunkenen Augen. Ihr Make-up wirkte wie eine Maske. Ich hätte sie gerne einmal ungeschminkt gesehen. Was für ein Leben hat Angie bisher gelebt? Was ist passiert, dass sie hier auf dem Kiez gelandet ist? Sie sagte, seit 20 Jahren sei sie hier, genau wüsste sie das aber nicht mehr. „Ich zähle die Jahre nicht, ich lebe von Schicht zu Schicht, von Strip zu Strip." Sie lächelte mit einer Mischung aus Verächtlichkeit und Traurigkeit.

Die Polizisten kamen wieder. Der eine sagte: „So, dem Fahrer haben wir erstmal den Führerschein abgenommen; der wollte jetzt um 2 noch zurück nach Lüneburg. Ha, ha." Der zweite wandte sich an Angie. „Na, altes Haus. Biste bald fertig?" – „Jo", sagte sie, „habt ja 'nen netten Kollegen hier." (Manches Lob vergesse ich nicht.) „Dann wollen wir mal", sagten die Jungs und zogen los. „Tschüss Angie, mach's gut", sagte ich, während sie noch eine Zigarette anzündete und den Rauch zum Abschied in die Luft pustete.

Wollust. Wer Wollust hat, hat auch die Macht, sie auszuleben. Wie einst König David. Wollust ist aber immer zerstörerisch. Zu allen Zeiten und überall. Ob damals in Jerusalem oder heute auf der Reeperbahn. Ob die „geilen Böcke", wie Angie sie nannte, überhaupt nur einen Moment darüber nachdenken, was sie kaputtmachen? Und wen sie kaputtmachen? Angie und die vielen anderen, die als Stripperinnen oder Prostituierte arbeiten. Bier, Schampus, Stripshow und Sex kann Mann (!) bezahlen, aber die Mädels bezahlen nicht nur mit ihrem Körper, sondern auch mit ihrer Lebensgeschichte, mit ihrem Gefühl, mit ihrer Seele. Ich bin dankbar, Angie – wenn auch nur für diesen kurzen Moment – kennengelernt zu haben. Ein besonderes Kind Gottes und ein geliebtes Kind Gottes. Ich bin dankbar für diese Begegnung und mein Praktikum auf der Davidwache, denn es hat mir viele Einsichten gegeben und mich gelehrt, noch genauer hinzusehen.

Die Frau mit dem Alabastergefäß und Zärtlichkeiten im Hotel

Jesus hat sich von den damals als unrein geltenden „Sünderinnen" nicht abgewandt. Diese Bibelgeschichten lese ich seit meiner Zeit in St. Pauli ganz anders. Sie sind für mich eng verknüpft mit dieser Erfahrung und so möchte ich sie gleich hier im Anschluss als ein Beispiel für Zärtlichkeit anführen. Die Geschichten, die im Neuen Testament von Jesus erzählt werden, sind fast immer Begegnungsgeschichten. Jesus war immer in Kontakt mit Menschen. Kontakt bedeutet Nähe, manchmal auch Berührung. Die für mich beeindruckendste Berührungsgeschichte mit spürbarer Zärtlichkeit findet sich im Lukasevangelium (Kap. 7,36–50).

Jesus ist zu Gast bei Simon, einem Pharisäer, der ihn zum Essen eingeladen hat. Gerne hätte ich als passionierter Hobbykochpastor gewusst, was serviert wurde. Vielleicht Ziege oder Lamm, Pita-Brot, Oliven, Hummus, Kichererbsengerichte ... wer weiß. Das ist allerdings für die weitere Erzählung auch nicht von Interesse. Wichtiger ist der Fortgang: „Da erfuhr eine Frau in der Stadt, eine Sünderin, dass er im Haus des Pharisäers zu Tisch lag." In der Bibelforschung ist viel darüber diskutiert worden, was denn eine „Sünderin" sei. Die am häufigsten vertretene Meinung besagt, dass es sich um eine dorfbekannte Prostituierte gehandelt haben dürfte. Das erklärt auch die spätere Äußerung der Pharisäer am Tisch: „Wenn er ein Prophet wäre, so würde er doch wissen, wer und was das für eine Frau ist, die ihn berührt; sie ist ja eine Sünderin." Vor dieser Beschimpfung macht die Frau etwas Besonderes: „Sie brachte ein Alabastergefäß mit Salböl, trat weinend von hinten an ihn heran und begann seine Füße mit ihren Tränen zu benetzen. Sie trocknete seine Füße mit ihrem Haar, küsste sie und salbte sie mit dem Öl." Diese Szene wirkt nicht nur intim, sie ist es auch. Mehr Zärtlichkeit kann man sich kaum vorstellen, und zur Zeit Jesu war sie wirklich unvorstellbar. Vor allem von dieser Frau, dieser Sünderin. Deshalb regen sich die Pharisäer derart auf. Jesus entgegnet den Pharisäern scharf. Er spricht den Gastgeber direkt mit Namen an und stellt fest, dass dieser ihm kein Wasser für seine Füße gab, geschweige denn Tränen darauf vergossen hat. Von einer Trocknung mit seinen Haaren ganz zu schweigen. Ferner hat er Jesus weder geküsst noch sein Haar mit Salböl gesalbt. Jesus stellt sich vor die Frau und spricht zu Simon und den anderen Pharisäern: „Ihre vielen Sünden sind ihr vergeben, weil sie viel geliebt hat; wem aber nur wenig vergeben wird, der liebt auch wenig." Wahre, harsche Worte. Ich hoffe noch heute beim Lesen, dass Simon den Wink mit dem Zaunpfahl verstanden hat.

Die Frau demonstrierte große Zärtlichkeit in ihrem Tun. Jesus begegnet ihr mit Zärtlichkeit in seinen Worten. Am Ende sagt er zu ihr – und ich glaube, er hat dabei seinen Kopf nahe an ihren Kopf gehalten: „Deine Sünden sind dir vergeben … Dein Glaube hat dich gerettet. Geh hin in Frieden!"

Es war, als hätt der Himmel
Die Erde still geküßt,
Daß sie im Blütenschimmer
Von ihm nun träumen müßt.
[…]

In seinem romantischen Gedicht „Mondnacht" (1837) beschreibt Joseph von Eichendorff Facetten von Zärtlichkeit. Zum ersten Mal habe ich dieses Gedicht in der Oberstufe des Gymnasiums gelesen. Es hat mich sogleich berührt. Manchmal können auch pubertierende Jungen gefühlvoll sein. Wenn mich ansonsten Gedichte im Deutschunterricht eher kalt gelassen haben, war ich hier dem Zauber der Beschreibung der Natur verfallen. Nun liebte ich – das kam hinzu – als Jugendlicher abendliche Spaziergänge rund um mein Dorf. Eichendorffs Worte sprechen etwas aus, was ich damals selbst gefühlt, aber nicht hätte formulieren können.

Man kann Zärtlichkeit mit besonderen Formen körperlicher Nähe wie küssen, umarmen und sanfte Berührungen zwischen Menschen deuten. Doch wie im Gedicht beschrieben, kann auch die Natur Zärtlichkeiten ausdrücken und als zärtlich empfunden werden.

Blicke ich auf zärtliche Menschen oder auf zärtliches Handeln, dann denke ich an meine Eltern und die Feier ihrer Goldenen Hochzeit zurück. Wir haben uns als Familie lange die Frage gestellt, was wir ihnen zu diesem Anlass bloß schenken könnten. Sie hatten doch schon alles. Wir kamen überein, ihnen ein unvergessliches Erlebnis schenken zu wollen. So einen echter Überraschungsknaller. Meine Eltern waren noch nie in Berlin. „Da werden wir wohl auch niemals mehr hinkommen", hatte mein Vater häufiger kommentiert. Meine Mutter hatte vor Jahren einen Film über das Hotel Adlon gesehen und geschwärmt: „Dort muss es ja wie im Himmel sein!" Das war also unser Geschenk zu ihrer Goldenen Hochzeit: ein Wochenende in Berlin im Hotel Adlon.

Ich organisierte die Bahnfahrt, eine Spreefahrt, eine Kutschfahrt „Unter den Linden" und das Hotelzimmer. Dabei nannte ich bei der Reservierung auch den Grund, den meine Eltern in das Hotel führte. Auch für mich hatte ich ein Zimmer reserviert, um meine Eltern zu begleiten. Schon als das Taxi vor dem Hotel hielt und ein Portier mit Zylinder die Tür öffnete und die Koffer hineintrug, staunten sie nicht schlecht. Sie waren sprachlos und hatten leuchtende Augen wie Kinder, die vor einem prächtig geschmückten Weihnachtsbaum stehen, als sie in der großen Empfangshalle standen. Eine Frau in schmucker Livree kam herbei und sprach uns an. „Sie sind bestimmt das goldene Ehepaar Schlicht aus Jesteburg. Und Sie sind der Sohn." Das hatte ich nicht erwartet. Eine Concierge mit solcher Treffsicherheit. „Wir checken nun erstmal ein, dann führe ich Sie gerne in Ihr Zimmer und erkläre Ihnen alles", erklärte Sie uns freundlich das Procedere. Meine Mutter bedankte sich höflich, unterschrieb das Hotelformular, nahm ihre Handtasche und wollte schon los, doch ... ihr Mann war verschwunden. Ich schaute mich um und sah, wie mein Vater ganz langsam und andächtig durch die Halle schritt, den Springbrunnen betrachtete, an die Decke schaute, dem Klavier lauschte ... kurzum: Er war schon jetzt hin und weg. Ich wusste, je stiller er war, desto größer waren seine Gefühle. Die Concierge ging mit meiner Mutter auf ihn zu: „So, Herr Schlicht, jetzt fahren wir nach oben."

Dann passierte die Szene, die ich nie vergessen werde: Während meine Mutter voller Vorfreude zum Fahrstuhl schritt, wandte sich die Concierge nochmals an meinen Vater: „Kommen Sie, Sie werden sich freuen." Und dann legte sie mit großer Zärtlichkeit ihre Hand auf den Arm meines Vaters, so als würde sie ein staunendes Kind ganz sanft führen. Diese Geste war für mich berührend. So passiert Zärtlichkeit. So sieht sie aus. So fühlt sie sich an.

Genauso wie in der Geschichte von der Sünderin kann Zärtlichkeit mit Gesten weitergegeben werden, die sanfte Worte unterstreichen.

In einer schwierigen persönlichen und zugleich beruflichen Situation habe ich selbst einmal die Hilfe eines befreundeten Pastors in Anspruch genommen. Die erste Zärtlichkeit, die ich in diesem Kontext spürte, war die Art und Weise, wie er zuhörte. Er konnte einfach still sein. Ich sah, dass er mitdachte und sich auf mich einließ. Ein Gesichtsausdruck kann nicht lügen und manchmal sagt Mimik auch mehr als 1000 Worte. Er saß aufmerksam da, hörte zu und war einfach da, in diesem Moment. Er ließ sich nicht von Zeit oder anderen Gedanken ablenken, noch platzte er mit Kommentaren oder klugen Ratschlägen dazwischen. Er ließ mich erzählen. Als ich mit meiner Problemgeschichte ans Ende gekommen war, fragte er nach. Sehr ruhig und mit sanfter Stimme. Auch darin zeigt sich Zärtlichkeit. Als wir uns verabschiedeten, sagte er zu mir: „Denke immer daran, du kannst nicht tiefer fallen als in Gottes Hand. Dein Glaube wird dir helfen." Mehr brauchte es nicht. Und ich erinnerte mich: Jesus hat etwas Ähnliches zur Sünderin gesagt. Später wusste ich, dass Gott mir schon durch dieses sanfte, zärtliche Gespräch geholfen hatte.

Zum Nachdenken und Ausprobieren

Diese Zärtlichkeiten gehen mir nicht aus dem Sinn:

....

....

....

....

....

....

....

Verschenken Sie heute einen zärtlichen Blick!

Maßlosigkeit und Bescheidenheit

Von Kornbauern, einem hohen Turm und gelben Säcken

Während ich diese Zeilen schreibe, ist die Apfelernte im Alten Land im vollen Gange. Fast in jedem Supermarkt Deutschlands kann man sie finden und genießen: Elstar, Welland, Rubinette, Gala, Boskop, Braeburn, Holsteiner Cox, Jonagold und viele weitere Arten. Das Alte Land ist neben der Bodenseeregion das zweitgrößte Apfelanbaugebiet Deutschlands. Wenn man im August hier durch die Gegend fährt, sieht man nicht nur die vielen schmalen Traktoren mit ihren Wagen, die durch die Apfelreihen fahren. Besonders stechen die typischen alten Fachwerkhäuser im Altländer Stil ins Auge. Dahinter befinden sich riesige Lagerhallen. Ich durfte bereits mehrere Obsthöfe vor Ort besichtigen. Die Größe und die Menge der eingelagerten Sorten sind für mich kaum abschätzbar. Jeder Apfelbauer versichert einem, dass da „noch mehr geht". Erweiterung von Anbauflächen bedeutet eben auch, dass Lager und Verarbeitungsflächen vergrößert werden müssen.

Auch zur Zeit Jesu gab es in Israel Äpfel, allerdings in viel geringerem Maße als Feigen, Datteln oder Granatäpfel. Das Hauptaugenmerk zu jenen Zeiten lag aber auf Getreide. So wundert es nicht, dass Jesus als Hauptfigur für sein Gleichnis einen Kornbauer wählt (vgl. Lk 12,16–21). „Das Land eines reichen Mannes hatte gut getragen." Das war damals im Land nicht selbstverständlich, genauso wenig wie in vielen Ländern unserer Gegenwart. Einer Dürre konnte man nichts entgegensetzen. Bei einer guten Ernte ist also die folgende Überlegung des Kornbauers nachzuvollziehen: „Was soll ich tun, da ich nicht genug Raum habe, meine Ernte unterzubringen? Schließlich sagte er: So will ich es machen; ich werde meine Scheunen abreißen und größere bauen und dort mein ganzes Getreide und alle meine Güter unterbringen." Richtig überlegt. Für den Fall einer Trockenheit im nächsten Jahr wäre er gut vorbereitet. Wie sagte meine Großmutter immer: Spare in der Zeit, dann hast du in der Not! So weit, so gut. Aber dann kommt eine bemerkenswerte Wendung. Der Kornbauer beschließt: „Dann kann ich zu mir sagen: Du hast großen Vorrat für viele Jahre; ruh dich aus, iss, trink und lass dir wohl sein!" Eigentlich ist an dieser Idee nichts Verwerfliches, wenn man es rein marktwirtschaftlich betrachtet. Doch Jesus bringt überraschend eine neue Perspektive ein: „Da sagte Gott zu ihm: Du Tor, diese Nacht noch wird man dein Leben von dir fordern! Wem aber wird gehören, was du angesammelt hast?" Jesus hatte bestimmt nichts gegen einen Menschen, der eine gute Ernte hatte. Ebenso ist Jesu Freude am Essen und Trinken in der Bibel mehrfach überliefert. Für seine Zukunft hat der Kornbauer eine gute Rechnung aufgestellt. Er hat seine Ernte gut abgemessen, aber maß-los ist seine Planung, wenn Gott dabei fehlt. Er hat die Rechnung ohne Gott gemacht. Bei aller Planung, eins können wir nicht planen: die Stunde unseres Todes. Für Jesus soll dieses Gleichnis eine Mahnung sein sowohl für seine damaligen Zuhörer als auch für uns. Vergesst nicht, dass wir in Gottes Hand sind. Daran mussten die Christen auch nach Jesu Auferstehung immer wieder erinnert werden. Bei Paulus und auch bei Jakobus. Dieser schreibt in seinem Brief: „Ihr, die ihr sagt: Heute oder morgen wollen wir in die und die Stadt reisen und dort ein Jahr zubringen, Handel treiben und Gewinn machen; ihr, die ihr doch nicht einmal wisst, was der morgige Tag bringt, wie es mit euerem Leben steht. Rauch seid ihr, der für eine Weile sichtbar ist und dann verschwindet. Stattdessen sollt ihr sagen: Wenn der Herr will, werden wir am Leben bleiben und dies oder jenes tun." (Jak 4,13–16) Aus diesem Text entstand später die Redensart „So Gott will". Bedenkenswert – bis heute.

Die Apfelbauer im Alten Land haben diese Redensart und Einstellung schon immer im Herzen gehabt bzw. haben es noch. Die von ihnen errichteten Kirchen bezeugen ihren Glauben. Sehenswert – bis heute.

Apropos Errichtung: Die Bibel überliefert uns die bekannte Geschichte vom Turmbau zu Babel. Im Buch Genesis, Kapitel 11 hat die Menschheit einen gemeinsamen Plan: „Auf, wir wollen Ziegel formen und sie brennen! Die Ziegel dienten ihnen als Steine und das Erdpech diente ihnen als Mörtel. Dann sagten sie: Auf, wir wollen uns eine Stadt bauen und einen Turm, dessen Spitze bis zum Himmel reicht! Wir wollen uns einen Namen machen …" Die genannte Zielsetzung ist verräterisch: Bis an den Himmel (also bis zur Sphäre Gottes), damit wir uns dadurch einen Namen machen. Damit wir Gott mal zeigen, was wir alles können. Dass wir nicht so kleine Erdmännchen sind. Wir haben etwas drauf! Wir sind wirkmächtig. Und es gibt keine Grenze, die uns aufhält. Kein Maß ist mehr da, das uns begrenzen kann. Auch nicht Gottes Maß, das besagt: Menschen sind Menschen und nicht Gott. Und so legt die Menschheit nach biblisch mythischer Überlieferung los, und sie macht es bis heute. Heute wollen wir uns allerdings keinen Namen mehr machen, der Gott zeigen soll, was eine Harke ist. Wir zeigen es uns gegenseitig. Olympische Spiele und Fußballweltmeisterschaften in entlegenen Gegenden: Kein Problem. Für Ruhm und Ansehen – und jede Menge Geld – ist alles möglich. Wirklich alles. Politiker haben so schon manches Denkmal für sich und ihr Ego errichtet. Und wir schauen zu. Ich frage mich: Hat es vielleicht beim Turmbau zu Babel auch schon Menschen gegeben, die dagegen waren? Die Bibel erzählt davon nichts. Ein Mythos ist immer auf eine Aussage konzentriert. Selbst wenn es sie gegeben hat: Dagegen ausrichten konnten sie nichts. Auch sie fielen, wie alle anderen, unter die Strafe Gottes: Die gemeinsame Sprache der Menschen wurde verwirrt. Von nun an redeten sie nicht mehr unisono, sondern der eine verstand den anderen nicht mehr. Wer maßlos handelt, sieht am Ende nur sich selbst. Wozu soll man da noch mit anderen reden? Der Bogen lässt sich weit spannen: von den Turmbauern zu Babel über den reichen Kornbauern bis zu uns heute, und ich frage mich: Haben wir etwas gelernt? Erkennen wir, was wir uns und anderen mit unserem maßlosen Tun, das nur sich selbst sieht, antun?

Ein Blick in die Tageszeitung führt einem die heutige Maßlosigkeit vor Augen. Egal auf welcher Seite man die Zeitung aufschlägt: Der Mensch von heute lebt in den Ländern des Globalen Nordens in einer enormen Über- mäßigkeit, und das spiegelt sich in vielen kleinen Be- richten wider. Schon ein Blick auf die Anzahl der Fern- sehkanäle reicht: Wer braucht das alles? Bitte verstehen Sie mich nicht falsch, ich will nicht zurück in die Zeit meiner Kindheit, wo es nur das Erste, das Zweite und ein verrauschtes Drittes Programm gegeben hat. Aber dieses TV-Überangebot macht mich doch etwas rat- los. Dann blättere ich zum Sportteil. Ich lese, wie viel Geld für Fußballstars gezahlt wird – in einer Welt, wo Menschen noch immer Hunger leiden, erhalten Spieler Monatsgehälter und Vereine Ablösesummen, bei denen mir schwummerig wird. Dann lese ich die Seiten über das aktuelle politische Geschehen. Zurzeit ist Krieg in der Ukraine. Zudem herrscht seit Jahren Krieg in Syrien, in Mali, im Jemen. Und immer geht es um Macht, um Machterweiterung und um Zugang zu Rohstoffen oder zu strategisch wichtigen Städten und Häfen. Die Waffen kosten Unsummen, die Schäden der zerbombten Städte und Dörfer sind nicht abschätzbar. Unsagbar ist das Leid der Zivilbevölkerung. *„Homo homini lupus est"* – Der Mensch ist dem Mensch ein Wolf. Dieser Satz wird dem römischen Dichter Plautus (um 200 v. Chr.) zugeschrieben. Thomas Hobbes hat ihn 1642 erneut bekannt gemacht und beschrieb damals schon das kriegerische Verhältnis von Staaten. Heute könnten wir sagen: Der Mensch ist das Wesen ohne Maß. Sich einschränken, sich zurückhalten ist vieler Leute Sache nicht. Anstatt, dass der Mensch fragt: Wann habe ich genug, fragt er: Wie bekomme ich noch mehr und mehr und mehr? Der reiche Kornbauer und die Turmbauer zu Babel lassen grüßen. Und Gott warnt ihn und sie und uns. Christsein bedeutet nicht, nur den Sonntagsgottesdienst zu besuchen. Christsein erschöpft sich nicht im Lesen der Losungen. Christsein bedeutet, so hat es Dietrich Bonhoeffer betont: Beten und das Gerechte tun. Für den Frieden, für die Nächstenliebe, für Umwelt und Klima, kurz, für Gottes gute Schöpfung. Eine kurze Spanne Lebenszeit schenkt Gott uns auf dieser Erde. Nutzen wir sie maßvoll mit Bedacht und Kreativität.

Meine Frau und ich wohnen in einer schönen Mietwohnung. Im Haus leben (uns eingerechnet) fünf Ehepaare und zwei alleinstehende Damen. Einmal pro Monat wird von der Stadt der „Gelbe Sack" eingesammelt. Abends zuvor wird er an die Straße gestellt. Besser gesagt: Es wird der gelbe Berg aufgetürmt. Die Müllsackpyramide misst am Ende über 1,50 Meter Höhe. Allein das ist für mich Ausdruck meiner eigenen Maßlosigkeit: Plastikmüll über Plastikmüll, und dabei wissen wir alle, wie schädlich dieser für das Klima und die Ozeane ist.

Eines Abends, als meine Frau und ich wieder einmal unsere Säcke dazugestellt haben, fassten wir einen Entschluss. Mit diesem maßlosen Plastikmüll soll Schluss sein. Wir können die Welt nicht ändern, aber wir können etwas im Kleinen tun. Dass die Meere immer mehr aus Kunststoff denn aus Wasser bestehen, ist ein Albtraum. Aber wenn ich die Berichte im Fernsehen von afrikanischen und asiatischen Küsten sehe, dann mag ich es kaum glauben. Auf der Insel Föhr haben wir im Urlaub einmal spontan bei einer Strandmüllsammelaktion im Herbst teilgenommen. Am Ende waren wir und alle anderen Sammlerinnen und Sammler sprachlos angesichts der gesammelten Kunststoffmüllberge, die zusammengekommen sind.

Aber das Sammeln hat wenigstens für einen Moment der Insel und den Vögeln und Tieren geholfen. Helfen tat auch eine Aktion, die wir in unserem Mietshaus angeleiert haben: Da wir die anderen Mieter kennen, haben wir überall geklingelt und gefragt: „Nervt Sie auch jeden Monat dieser gelbe Plastik-Kilimandscharo vor der Haustür?" Und wir erzählten ihnen, dass wir gern etwas dagegen unternehmen würden. Keiner unserer Nachbarn hat uns die Tür vor der Nase zugeknallt, alle stimmten uns stattdessen zu. Und letztlich haben wir viele gute Ideen miteinander geteilt. Unter anderem nehmen wir beim Einkaufen jetzt Stoffbeutel mit statt Plastiktüten. Obst kann man mittlerweile auch in Papierbeutel füllen. Und Gurken gibt es auch schon ohne Gurkenplastikkondom. Joghurt ist im Glas erhältlich. Wenn ich einmal mit offenen Augen durch den Supermarkt gehe, erkenne ich, wie ich der eigenen, bisher unreflektierten Maßlosigkeit Herr werden kann. Wir können theoretisch alle die Welt besser machen. Aber bei mir fängt es praktisch an.

Jesu Lehre und leichtes Gepäck

Ein bescheidener Mensch ist besonnen. Das zeigt sich in seiner Lebenshaltung und seinem Tun: Er nimmt sich selbst zurück, er stellt keine eigenen großen Ansprüche, er ist genügsam.

Genügsam und bescheiden leben laut dem Neuen Testament gleich zwei prominente Personen. Da ist zunächst Johannes der Täufer. „Johannes trug ein Gewand aus Kamelhaaren und einen ledernen Gürtel um seine Hüften und nährte sich von Heuschrecken und wildem Honig" (Mk 1,6). Diese Beschreibung vom Evangelisten Markus zeigt: Johannes' Mode ist nicht gerade vom Typ „Dernier Cri", sondern eher demonstrierender Asket. Schon seine Kleidung ist eine Zeichenhandlung, mit der er den Luxus und den Protz des damaligen Königs Herodes und seines Gefolges kritisierte. Markus berichtet, dass sich der Hofstaat über Johannes tatsächlich mächtig ärgerte. Herodes ließ ihn in Haft nehmen, aber töten wollte er ihn nicht, denn für ihn war Johannes „ein gerechter und heiliger Mann" (Mk 6,20). Noch erstaunlicher ist der Hinweis: „Jedes Mal, wenn er ihn hörte, wurde er sehr verlegen, doch hörte er ihn gern." (ebd.) Trotzdem wurde Johannes am Ende Opfer einer internen Hofintrige, und sein Kopf landete auf einer Schale (Mk 6,14–29).

Neben Johannes, dem genügsam lebenden, aber doch angstfrei anklagenden Asketen, ist es natürlich Jesus, der Bescheidenheit predigt und auf sich bezieht: „Die Füchse haben Höhlen und die Vögel des Himmels Nester. Der Menschensohn aber hat nichts, wohin er sein Haupt legen kann." (Mt 8,20) In der Tat, Jesus verließ als Erwachsener die Wege seines Vaters, dem Zimmermann Joseph (von dem er sicherlich dessen Handwerk gelernt hat), und wurde ein wandernder Prediger. Sein mehrjähriger Reiseweg lässt sich in den Evangelien zum Teil recht gut nachzeichnen, obwohl die Forschung immer noch darüber streitet, ob er nun ein oder drei Jahre zwischen dem See Genezareth und Jerusalem unterwegs war. Der Neutestamentler Gerd Theißen hat Jesus als „Wandercharismatiker" bezeichnet. Ein schöner Titel; für Jesus bedeutete es, immer unterwegs zu sein. Von einem Ort zum anderen. Im Gefolge seine Jünger, die er zu der gleichen bescheidenen (und besonnenen) Lebensweise aufforderte. Matthäus hat eine Unterweisung Jesu an seine Jünger aufbewahrt: „Geht und verkündet: Das Himmelreich ist nahe. Heilt Kranke, erweckt Tote, macht Aussätzige rein, treibt Dämonen aus! Umsonst habt ihr empfangen, umsonst sollt ihr geben. Verschafft euch weder Gold, Silber noch Kupfermünzen für euere Gürtel, auch keine Reisetasche, auch nicht zwei Röcke, weder Sandalen noch Stab. Denn der Arbeiter ist seiner Nahrung wert." (Mt 10,7–10)

Jesus lehrt. Er belehrt seine Jünger und sendet sie zu den Menschen, damit sie die frohe Botschaft vom nahen Gottesreich verkünden. Diese Botschaft hat Kraft. Wahrscheinlich werden die Jünger keine Toten auferweckt haben, aber die Beispiele der Wirkmächtigkeit sollen beeindrucken. Sie sollen den Jüngern klarmachen: Wenn ihr von Gott redet, ist das kein leeres Geschwätz. Wenn Menschen von Gottes Liebe und Vergebung hören, dann bewirkt das etwas bei ihnen. Das hat so viel Power, dass ein Kranker urplötzlich wieder gesund wird. Jesus macht den Jüngern Mut. Immerhin, die Jungs waren keine ausgebildeten Redner, sondern Fischer, Zöllner, einfache Leute, die Jesus zum Teil am Wegesrand angesprochen und mitgenommen hat. Sie haben ihm vertraut. Oft bedurfte es dazu nicht einmal eines Wunders. Aufgrund seines Wortes, seiner Ausstrahlung, seinem Charisma, folgten sie ihm. So sollen nun auch die Jünger auf die Wirkkraft ihrer Worte vertrauen, zu den Menschen gehen und die gute Nachricht von Gottes Nähe verkünden. Doch die Ausrüstung mit solcher Überzeugungskraft soll die Jünger nicht maßlos werden lassen. Im Gegenteil. Jesus lehrt sie, ja er schwört sie auf strenge Bescheidenheit ein. Sein Anforderungskatalog ist nicht lang, aber ambitioniert:

1. Keiner von euch steckt sich Geld ein.
2. Lasst eure Taschen hier. Was wollt ihr denn da reinpacken?
3. Zwei Hemden mitnehmen? Es reicht das eine, das ihr anhabt.
4. Schuhe bzw. Sandalen sind außerdem überflüssig (na ja gut, Jesus und die Jünger wanderten im warmen Israel).
5. Auch ein Wanderstab bzw. ein Stecken ist nicht notwendig.
6. Alles, was ihr braucht, ist in euch. Wenn ihr irgendwo ankommt, werdet ihr es erleben: „Kommt ihr in eine Stadt oder ein Dorf, so fragt, wer es wert ist

(euch zu empfangen). Dort bleibt, bis ihr weiterwandert." (Mt 10,11) Jesus ist überzeugt: Es werden sich Menschen um die Jünger sammeln und sie aufnehmen, bewirten und übernachten lassen.

Bescheidenheit hat mit Besonnenheit zu tun. Wer sich auf das Wort und die Zusage Gottes besinnt, wer sich darauf verlässt, der ist nicht von allen guten Geistern verlassen, sondern darf sich des Segens des Höchsten sicher sein. Es ist eine der Stellen in den Evangelien, in der wir Jesus als den absolut Glaubenden erleben; als denjenigen, der mit dem Glauben Berge versetzt. Von einer solchen Versetzung der Berge ist nun allerdings nichts überliefert. Sie ist tatsächlich als Gleichnis für die Kraft des Glaubens von Jesus ausgesprochen worden. Diese Kraft benötigt keine Macht und keinen Besitz, erst recht kein Geld. Sie wächst aus der Bescheidenheit des Glaubens.

Ein, wie ich finde, wunderbares Zitat von Hans Albers habe ich zu Studentenzeiten auf einem Poster entdeckt. Ich habe mir das Bild sofort gekauft. Man sieht Albers in den 30er-Jahren auf einem der oberen Balkons des Hotels „Vier Jahreszeiten" in Hamburg. Albers lehnt mit Hut, maßgeschneidertem Tweed-Anzug und brennender Zigarre im Mund an der Brüstung. Seine Hände hält er lässig und locker vor dem Bauch. Der Himmel ist wolkenlos. Er schaut lächelnd und entschlossen zur Altstadt hinüber. Hinter ihm sieht man die Lombardsbrücke, den Übergang von der Binnen- zur Außenalster. Auf der gegenüberliegenden Alsterseite kann man das Hotel „Atlantik" erkennen, ganz im Hintergrund sogar den Turm der Heiligen Dreifaltigkeitskirche in Hamburg/ St. Georg. In ihrer Nähe, in der Lange Reihe 71, wurde er 1891 geboren. Unter dem Schwarz-Weiß-Foto steht: „Nur Lumpen sind bescheiden".

Warum und in welcher Situation Albers seinerzeit diesen provokanten Satz ausgesprochen hat, weiß ich leider nicht. Albers war nicht nur der wohl bekannteste deutsche Schauspieler seiner Zeit, sondern auch ein Mann der lockeren Sprüche. Leider waren diese oft dem hohen Alkoholkonsum geschuldet, aber das ist eine andere Geschichte.

Als Student fand ich dieses Poster so gut, dass ich es ohne zu zögern kaufte. Ich weiß noch, dass es fast 20 Deutsche Mark gekostet hat. Das bedeutete für mich eine Woche „Stammessen I" in der Mensa im Curio-Haus. Aber es sprach mich an, und ich nahm es mit. Wahrscheinlich vor allem wegen der Fotografie. Da stimmt wirklich alles: Licht und Schatten, Blende und Schärfe. Damals fotografierte ich selbst gern. Schöne Aufnahmen faszinieren mich seither. Und dann dieser Spruch. Er ist einfach kess. Frech. Doch trotzdem, oder gerade deswegen, zaubert er mir ein Lächeln ins Gesicht. Er ist andererseits auch irgendwie charmant. Ich habe das Wort „bescheiden" im Zitat auf meine Weise interpretiert. Unter diesem „bescheiden" hörte ich das Wort „geizig" heraus. Nur Lumpen sind geizig. Das stimmt. Obwohl ich geizige Leute nicht als „Lumpen" bezeichnen würde. Aber wen der Geiz beherrscht bzw. wer sich von ihm beherrschen lässt (siehe oben), der führt kein reiches Leben mit seinem Aufgesparten. Er ist vielmehr ein armer Tropf, der am Leben und seinen Mitmenschen vorbeilebt.

Ein anderes Wort, das in dieses Bedeutungsfeld passt, aber nicht gerade beliebt ist: Verzicht. Verzicht hört sich irgendwie defizitär an, schal. Verzichten muss man, wenn der Arzt sagt, dass man weniger Wein trinken soll. Aber freiwillig verzichten?! Zum Glück haben viele Menschen für sich entdeckt, dass Verzicht kein Verlust, sondern die Wiedergewinnung neuer Freiheiten ist. Eine Erfolgsgeschichte ist zum Beispiel die seit Jahrzehnten laufende Aktion „7 Wochen Ohne", welche die evangelischen Kirchen in den sieben Wochen vor Ostern anbieten. Am Anfang von vielen belächelt, ist daraus eine Sache geworden, die auch nicht-kirchliche Menschen für sich entdeckt haben. Nicht, um sich zu „kasteien", sondern um auszuprobieren, worauf man verzichten kann, „einfach so". Die Reihe der Beispiele, die mir bekannt sind, ist stattlich: Verzicht auf Rauchen, Alkohol, Fernsehen (!),

Chips, Schokolade, Play-Station-Spiele, Autofahren (wenn möglich, und das geht öfter, als man denkt), Fleischkonsum … Die Aufzählung könnte ich noch weiterführen. Erstaunlich und erfreulich ist, dass diejenigen, die verzichten, diesen „Verzicht" nicht als schlimm empfinden, sondern als bereichernd. Wie gesagt: Es ist eine Freiheit, sich auszuprobieren. Nicht immer nur die Dinge tun, die man oder alle halt so machen, sondern einmal neue Wege gehen – für sich allein, mit der Familie oder mit Freunden.

Neulich sah ich im Fernsehen eine Sendung über „Tiny houses". Das sind „Minihäuser", in die manche ziehen, wenn die Kinder ausgezogen sind. Andere sind alleinstehend und bevorzugen es, sich mit wenig zu umgeben. Diese Tiny houses sind reduziert auf das Nötigste und haben doch alles, was man zum Leben braucht. Anders als in den USA, wo die Bewegung ihren Ursprung hat, ist es hierzulande gar nicht so einfach, Tiny houses aufzustellen, doch das braucht es vielleicht auch gar nicht. Der Kerngedanke: In den meisten Häusern gibt es Räume und Einrichtungen, die wir nicht (mehr) brauchen. Ich bin beispielsweise vor ein paar Jahren mit meiner Frau aus dem riesigen Pfarrhaus in eine Wohnung gewechselt. Sie ist zwar nicht wirklich „tiny" (also mini), doch auf einmal ist der Wohnraum um drei Viertel geschrumpft. Ich kann sagen: gesundgeschrumpft. Ganz viele Bücher sind in die Stadtbibliothek gewandert, unzählige Teller und Tassen zur Diakonie, Schränke und Borde ebenso. Es ist erstaunlich, wie viel Kram sich in Kellerräumen oder auf Dachböden ansammelt, die niemals wieder gebraucht werden; also nicht von mir oder meiner Frau. Andere hingegen können sie sehr wohl gebrauchen. Verzicht als Entdeckung von neuer Freiheit. Das ist eine wohltuende Erfahrung.

Gelebte Bescheidenheit habe ich in meinen über 30 Pastorenjahren oft erlebt. Bei Besuchen, bei Gesprächen, bei Begegnungen im Urlaub oder im Restaurant, oder in Hamburg. Ich sitze eines Sommertags auf den Stufen neben dem Alsterpavillon, genieße (wieder einmal) ein Eis und schaue auf die Alsterschiffe, als mich plötzlich ein Mann anspricht: „Matthias?" – „Ja", antworte ich etwas zögerlich, doch dann erkenne ich ihn. Es ist Jens. Wir hatten im Gymnasium die gleichen Leistungskurse. Wir haben uns prächtig verstanden. Nach dem Abschluss haben wir uns aus den Augen verloren – *c'est la vie*. Mich zog es nach Hamburg zum Theologiestudium, er studierte Architektur, um die erfolgreiche Firma seines Vaters weiterzuführen. Nun setzte sich Jens neben mich wie einst in der Schule, nun aber auf die Stufen an der Alster, und wir redeten über die vergangenen Jahre. Wir beide hatten erreicht, was wir wollten. Und wir beide waren auf unsere Weisen erfolgreich. Während ich die höheren Weihen des Doktorgrades erreicht hatte, erreichte er die höheren Honorare eines Spitzenarchitekten mit bundesweitem Ruf. Er erzählte es ganz beiläufig ohne den geringsten Anflug von Arroganz. Er legte viel Geld zurück, sagte er, denn für seine Altersversorgung muss er als Selbständiger schließlich allein sorgen. Aber es bliebe noch genug übrig. Zwei Dinge genieße er am meisten: hin und wieder einen freien Nachmittag zu haben, um in Hamburg Eis an der Alster zu essen („und um dich dann hier zufällig zu treffen. Mensch, ist das ein Ding!"). Das andere, was er sich gerne leistet, ist ein toller Urlaub mit seiner Frau im Sommer. Da wir früher in der Schule immer miteinander „herumgefrotzelt" haben, konnte ich nicht umhin, ihn auf seine Urlaubsziele anzusprechen. „Na, bei Deinem Gehalt. Lass mal raten: Kreuzfahrt in die Karibik mit der MS Europa II? Weinreise durch Kalifornien? Safari-Tour durch Südafrika? Oder Australiens Westen? Oder Neuseeland auf den Spuren der Hobbits? (In der Oberstufe haben wir beide Tolkiens Bücher nahezu verschlungen.) Jens lachte. „Nein", sagte er, „viel luxuriöser, wir fahren mit dem Auto in die Provence und mieten uns dort für drei Wochen eine einfache Holzhütte. Um uns herum ist nichts außer Natur, Lavendel und der Blick aufs Meer. Immerhin haben wir eine kleine Küche und ein funktionierendes Bad mit Dusche. Ein winziges Wohnzimmer und ein Schlafzimmer. Das ist alles. Die meiste Zeit sitzen wir sowieso draußen unter einem uralten Baum im Schatten. Zum Einkaufen muss man zwar in das nächste kleine Dorf fahren, aber dort gibt es von den Bauern selbstgemachte Lebensmittel: Brot, Käse, Wurst, Oliven und Früchte vom Feinsten. Und natürlich Wein von den eigenen Weinstöcken. Das ist unser Luxusurlaub. Es ist paradiesisch."

Ich war platt. Jens hätte sich ohne weiteres alle die Reisen leisten können, mit denen ich ihn zuvor aufgezogen hatte. Nach New York hätten er und seine Frau in der Business-Class von Singapore Airlines fliegen können. Jens gehörte nun schon lange zu solchen gutverdienenden Menschen. Dafür arbeitet er auch viel. Ich empfinde keinen Neid wegen seines Vermögens. Aber ich war doch baff über seine Urlaubserzählung.

Ja, einen erfüllenden Urlaub findet man, so denke ich, dort, wo einem das Herz gefüllt wird mit Eindrücken, die man noch lange behält. Ein bescheidener Schatz, preislich so günstig, dass er unbezahlbar ist.

Zum Nachdenken und Ausprobieren

Das ist mein persönlicher bescheidener „Luxus". Anders gefragt: Was gönne ich mir gerne?

....

Auf was könnte ich (leicht) verzichten?

....

Was könnte ich ohne Probleme abgeben?

....

Warum tue ich es nicht?

....

Oder direkt zum Ausprobieren: Suchen Sie sich einen Gegenstand und trennen sich von diesem, indem Sie ihn auf die Straße vor Ihrer Haustür stellen, sodass andere ihn mitnehmen können.

Faulheit und Lebensfreude

Das Buch der Sprichwörter und was an Freizeit faul ist

Einen namentlich bekannten Faulpelz finden wir weder im Alten noch im Neuen Testament. Auf die Bühne der biblischen Erzählungen hat es kein fauler Mensch geschafft. Das heißt aber nicht, dass alle Israeliten fleißige Menschen gewesen wären, denn die Warnung vor dem Faulsein findet sich an vielen Stellen der Schrift. Das Wort „faul" war schon den alten Germanen bekannt. Als „fula" wurden Lebensmittel bezeichnet, die verdorben und nicht mehr genießbar waren. Aus „fula" wurde unser „faul" und auch der „Faulpelz" stammt daher. Gemeint war damit die Schimmelschicht, die sich wie ein Pelz über Brot, Käse, Getreide oder Obst legen kann. Die Übertragung, um Menschen zu beschimpfen, war dann nicht mehr weit entfernt.

Wenn es auch keine biblischen Geschichten über faule Menschen gibt, so finden sich doch zahlreiche Hinweise auf diese menschliche Eigenschaft. Vor allem im Buch der Sprichwörter. In dieser alttestamentlichen Sprichwortsammlung wird der faule Mensch nicht nur verspottet, sondern er wird auch gewarnt, weil ihm die eigene Faulheit zum Verhängnis werden kann. Das möchte ich kurz veranschaulichen, indem ich die Lebens- und Arbeitsbedingungen im alten Israel skizziere:

147

In größeren Dörfern oder in Städten wie Jerusalem oder Jericho gab es täglich Märkte, auf denen Waren, vor allem Lebensmittel wie Getreide und Obst, angeboten wurden. Doch der Großteil der Menschen baute seine Lebensmittel selbst an. Die ganze Familie musste mithelfen. Das Pflügen und die Aussaat begannen im Oktober. Die Ernte dauerte von April bis Mitte Juni. Dazwischen musste gewässert werden – in Israels trockenem Klima immer schon ein Problem. Mit der Hacke war stets der Boden zu lockern und mit der Sichel das Unkraut abzuschneiden. Bei unseren heutigen riesigen Monokulturfeldern ist es kaum vorstellbar: damals ging es um jeden Gersten- und Weizenhalm. Noch spiegelt sich die Bedeutung der Feldarbeit in einzelnen jüdischen Festtagen wider. Das Mazzotfest beispielsweise wird zur Gerstenernte gefeiert, das Wochenfest am Ende der Weizenernte und das Lesefest ganz zum Schluss der Saison, vergleichbar mit unserem Erntedankfest.

Die Situation erinnert mich an meine Äthiopien-Reise im Jahr 2015: In den Dörfern sah ich, wie sich die Familien hinter ihren kleinen Hütten mit Umsicht um ihre Maispflanzen kümmerten: Die meisten hatten im Durchschnitt zehn Maispflanzen. Mehr nicht.

Doch zurück ins Israel des Alten Testamentes: Alle waren aufgefordert, auf dem Feld mitzuarbeiten. Wer nicht mitmachte, egal ob aus Unlust oder Müdigkeit, der galt als faul und wurde spöttisch beäugt. Aus manchen Sprichwörtern klingt nicht nur Ärger, sondern auch große Bitterkeit. Denn wenn einer in der Familie nicht mitzog, mussten alle anderen den Faulen mit „durchfüttern". Vor diesem kulturellen Hintergrund sind also die alten Sprichworte Israels entstanden. Dort heißt es beispielsweise: „Im Herbst will der Faule nicht pflügen, zur Erntezeit sucht er, aber nichts ist da." (Spr 20,4) Oder: „Faulheit versenkt in Schlaf, ein träger Mensch muss hungern." (Spr 19,15) Oder auch: „Wie lange noch, Fauler, willst du liegen bleiben, wann willst du aufstehen von deinem Schlaf? Nur ein wenig noch schlafen, ein wenig noch schlummern, noch ein wenig die Arme verschränken zum Ruhen! So kommt über dich die Armut ..." (Spr 6,9–11)

Wir können diese Sprüche durchaus als wohlgemeinte Warnung an den faulen Menschen verstehen. Aber wer anderen schadet, der muss auch mit deutlichem Spott rechnen: „Streckt der Faule seine Hand in die Schüssel, bringt er sie nicht einmal zum Mund zurück." (Spr 19,24) Zum Schluss mein Lieblingsspruch in freierer Übersetzung: „Ein Fauler wendet sich im Bette wie die Tür in der Angel." (Spr 26,14) Hoffentlich quietscht es nicht.

Im Neuen Testament ist Faulheit kein Thema für Jesus. In einem Gleichnis kommt der Begriff als Schimpfwort vor. Ein Herr ist mit seinem Diener unzufrieden und beschimpft ihn: „Du schlechter und fauler Knecht!" Wenige Verse später wird er als „unnützer Knecht" betitelt (Mt 25,26.30). Die Lebenshaltung des Faulseins ist also sowohl moralisch (böse) als auch in Hinsicht auf das soziale Miteinander (unnütz) negativ besetzt.

Nun gelten ja solche Taten als Todsünde, die mit Absicht gegen ein Gebot Gottes gerichtet sind. Da fragt man sich allerdings, wo denn ein entsprechendes Gottesgebot zu finden ist. Bei den Zehn Geboten, die wir im Konfirmandenunterricht lernen – meist in der Katechismusversion von Martin Luther –, findet sich kein Gebot, das sagt: „Du sollst nicht faul sein." Schlägt man allerdings die Urquelle der Gebote im Buch Exodus, Kapitel 20 auf, so finden wir sie dort in einer Langversion. Hier stehen die Gebote, wie sie – so die Überlieferung – Gott zu Mose sprach. Aber nicht nur die Gebote, sondern Gott gibt erklärende Ausführungen dazu. Zum vierten Gebot heißt es: „Gedenke des Sabbattags, dass du ihn heiligst. Sechs Tage sollst du arbeiten und all dein Werk tun. Der siebte Tag aber ist Sabbat für den Herrn, deinen Gott. Da darfst du kein Werk tun ..." (Ex 20,8–10) Nochmal, das ist geboten: sechs Tage sollst (!) du arbeiten. Worin die Arbeit besteht, ergibt sich aus dem Gesamtzusammenhang des Alten Testamentes. Es beginnt bekanntlich mit der Schöpfungsgeschichte. Kaum ist der Mensch von Gott erschaffen worden, erhält er als Erstes einen Auftrag. Einen Arbeitsauftrag! Faulheit ist damit von Anfang an ausgeschlossen. So heißt es im ältesten Schöpfungsbericht: „Gott, der Herr, nahm den Menschen und setzte ihn in den Garten Eden, damit er ihn bebaue und bewache." (Gen 2,15) Die Erde, in diesem Fall ist der Ackerboden gemeint, soll vom Menschen urbar gemacht werden. Denn – man mag es kaum glauben – am Anfang bestimmte Gott den Menschen zum veganen Leben: „Dann sprach Gott: Seht, ich übergebe euch alle Pflanzen, die Samen bringen auf der ganzen Erde, und alle Bäume mit Früchten, die Samen bringen: das sei euere Nahrung." (Gen 1,29) Von daher erklärt sich das Gebot zur Feldarbeit. Erst nach der Sintflut können die Freunde des Fleischgenusses aufatmen, wenn Gott zu Noah sagt: „Alles, was sich regt und lebt, diene euch zur Nahrung; wie die grünen Pflanzen überlasse ich euch alles." (Gen 9,3)

Die Pflicht zur Arbeit ist auch in den ersten christlichen Gemeinden nicht vergessen und wird als Mahnung in den Briefen sichtbar. Der berühmteste Satz, der es sogar zu einer Redewendung gebracht hat, findet sich im zweiten Brief an die Thessalonicher: „Wir haben euch ja, als wir bei euch waren, diesen Grundsatz eingeprägt: Wer nicht arbeiten will, soll auch nicht essen." (2 Thess 3,10)

Wichtiger als solche schriftliche Ermahnung an die ersten Gemeinden dürften wohl die Erinnerungen an die zwei leuchtenden Gegenbeispiele eines faulen Menschen sein, Jesus und Paulus. Auch wenn sie keine Feldarbeit verrichteten, so waren sie doch fleißig, um das Feld des menschlichen Herzens und der menschlichen Seele

151

fruchtbar zu machen. Jesus, der Urgrund unseres Glaubens, wird zwar in der Bibel als der „Eckstein" bezeichnet, auf dem alles aufbaut. Aber dieser Stein war niemals in seinem Leben statisch und fest gemauert in der Erde: er war eher ein *rolling stone*. Die Evangelien überschlagen sich mit der Angabe von Orten, an denen Jesus predigte, heilte und verweilte. „Die Ferien des Herrn Jesus" sind nicht überliefert. Das gilt auch für Paulus, den wirkmächtigsten Apostel der frühen Christenheit. In vielen Bibelausgaben findet man auf der letzten Seite eine Landkarte der Mittelmeerregion mit der Überschrift: Die Reisen des Paulus. Für uns ist das heute kaum vorstellbar, wie ein Mann, körperlich übrigens nicht in Bestform, solche langen Reiserouten bewerkstelligen konnte. Per Pferd, Esel, Schiff oder zu Fuß. Paulus war umtriebig. Er konnte und wollte seine Füße nicht stillhalten, denn er fühlte sich zur Verkündigung des Evangeliums innerlich verpflichtet. Er war tatsächlich „im Auftrag des Herrn unterwegs". Das beste Hilfsmittel gegen Faulheit sind doch wohl nicht die Ermahnungen, sondern Vorbilder. Wir Christen haben sie!

Während ich diese Zeilen schreibe, liegt mein Golden Retriever Sam neben meinem Schreibtisch und schläft. Egal, ob das Telefon klingelt, der Drucker rattert, NDR 2

im Radio läuft, meine Frau mit dem Staubsauger um ihn herumfährt, all das stört ihn nicht. Auch bei mir stelle ich fest, dass es solche Tage gibt, an denen auch ich wie Sam nur dösen möchte. Aber ich konnte dem viele Jahre meines Lebens nicht stattgeben.

Mein „Schweinehund" liegt in der Kindheit begraben. Faulheit gab es bei uns nicht, weder bei meinen Eltern und noch weniger bei meinen Großeltern. Faulheit, im Sinne von Überdruss an der (täglichen) Arbeit, wurde nicht als Sünde oder gar Todsünde bezeichnet, das war auch nicht nötig, denn es gab sie schlicht und einfach nicht. Faulsein war in meiner Familie undenkbar. Einfach unvorstellbar. Eine Todsündenwarnung war komplett überflüssig. Das Gefühl, etwas Falsches zu tun, wenn man nichts tat, war komplett verinnerlicht. Vielleicht liegt das an unserer religiösen Prägung. Jedenfalls war es eine gelebte Prägung, die meine Eltern und Großeltern schon in ihrer Kindheit erfahren haben.

Besonders zur Zeit der Reformation wurde das Leben der Mönche stark kritisiert. Wahrscheinlich beobachteten die Reformatoren bei einigen von ihnen eine gewisse Bräsigkeit, die nicht mit ihrer Lektüre der Schrift vereinbar war. Mönche galten im Mittelalter zunehmend als faule Menschen. Mit diesem Vorurteil möchte ich an dieser Stelle aufräumen. Es mag daher kommen, dass man sie hinter den Klostermauern nicht gesehen hat. Aber wir wissen – nicht erst seit heute –, dass diese Vorstellung falsch ist. *Ora et labora!* – Bete und arbeite! – So lautet die Anweisung von Benedikt von Nursia, dem bedeutendsten Ordensgründer. Natürlich haben die Mönche gebetet (zu allen vorgeschriebenen Zeiten des Tages und der Nacht), zudem aber galt es, sich der Arbeit zu widmen: im Garten, beim Vieh, in den Handwerksräumen, in der Küche, im Wald … Das Mönchsleben war und ist kein Zuckerschlecken. Die Zisterzienser zum Beispiel verstanden sich als *Cooperatores Dei*, als „Mitarbeiter Gottes". Und Gott ist nun beileibe nicht faul.

Wie dem auch sei, gemäß Luther und anderen Reformatoren wurde die Arbeit sehr hochgehängt. Durch Arbeit verdient man sich sein Glück, ja das Paradies, es bedarf keines Ablasses, sondern der reinen Arbeit. Und alle, die dem nicht nachkommen gelten als Taugenichts, als Nichtsnutz, als Faulpelz.

Wenn ich an mein Familienumfeld denke, spüre ich heute noch die kribbelige Energie. Mein Vater war Bauarbeiter. Wenn ich als Kind aufstand, war er schon längst auf dem Weg zur Arbeit. Er verließ das Haus meist vor 6 Uhr und kam nachmittags gegen 16.30 Uhr zurück. Dann aß er sein warmgestelltes Mittagessen und fuhr alsbald zu unserem eigenen Hausbau. Und wenn er da nichts mehr tun konnte, half er bei den Nachbarn, die ebenfalls ihr neues Heim bauten. Das war Anfang der 70er-Jahre, wo das „Häuslebauen" große Ausmaße annahm und sich keiner Gedanken über die Bodenversiegelung machte. Jeder half jedem. Eine Pause dauerte meistens so lang, wie man für eine Zigarette und eine Flasche Bier benötigte. Dann ging es weiter. Mit Papa Fußball spielen? Papa hatte keine Zeit. Selbst wenn er abends endlich zuhause war, grub er noch im großen Gemüsegarten den Boden um oder besserte den Zaun aus. Meine Mutter war Vollzeit in einer Wäscherei tätig. „Wir bauen doch ein Haus, dafür muss ich auch Geld verdienen." Die Logik dieser Aussage war mir schon als Kind klar. Während meine Eltern arbeiteten, war ich bei meinen Großeltern, mit denen wir in einem Haus wohnten. Ich sehe meine Oma noch heute vor meinem geistigen Auge. Sie war eine umtriebige Frau. Sie kochte leidenschaftlich (und hat mich mit dieser Leidenschaft angesteckt), sie wusch ab, bügelte und legte Wäsche zusammen, feudelte den Flur mit heißem Wasser, goss die Blumen im Garten, erntete Beeren, presste Saft, weckte Bohnen ein … Nachmittags „gönnte" sie sich, wie sie sagte, eine Tasse Kaffee und eine kurze Zeit, um die Lokalzeitung zu lesen. Dann ging es weiter. Sie kaufte ein, erledigte auf dem Weg noch ein paar Kleinigkeiten und machte Abendbrot. Mein Großvater saß währenddessen in der großen Wohnküche an einem eigenen Tisch unter dem Fenster. Ständig hatte er etwas zu reparieren: Er knipste Löcher in den Ledergürtel, brachte die kaputte Wanduhr wieder zum Ticken, nagelte Filzgleiter unter den alten Stuhl, … Und wenn er nicht in der Küche werkelte, dann war er im Holz- und Kohlenkeller. Er spaltete Baumstämme auf Feuerholzgröße und rückte die Kohlen für die Neuanlieferung zurecht. Er fegte den Hof, lackierte die alte Gartenbank und fand immerzu etwas, das noch erledigt werden musste. Alles um mich herum war am Arbeiten. Müßiggang gab es nicht. Das hat mich geprägt. Selbst heute, wenn ich auf meine Kindheit zurückblicke, habe ich nicht das Gefühl – und hatte es auch als Kind nicht –, dass sich meine Eltern und Großeltern gehetzt oder getrieben vorkamen. Bis zum 4. Schuljahr hatte ich viel Zeit, um mit anderen Kindern zu spielen, obwohl hier und da meine Mithilfe gefragt war. Allerdings wurde ich nie gefragt, sondern es wurde gesagt: Sammele jetzt mal die Blätter am Zaun ein. Bring die Asche in dem Kohleneimer in den Keller. Papa schickte mich sogar zum Bier- und Zigarettenholen. Da war ich gerade mal sechs Jahre alt! Damals war das gang und gäbe. Heute ist das undenkbar.

Mit der 5. Klasse wechselte ich auf das Gymnasium. Nun war die Zeit des kindlichen Spielens vorbei. Meine Eltern, das wusste ich, hatten nun nicht nur den Hausbau zu schultern, sondern auch noch mich. Das monatliche Busgeld, die Kosten für die Schulbücher, all das wollte bezahlt werden. Deshalb habe ich mich bei den Schularbeiten angestrengt. Langwierig, langweilig, aber eben meine Arbeit. Dann geriet die Bauwirtschaft in eine Krise. Von einem Tag auf den anderen wurde mein Vater arbeitslos. Die familiären Kosten blieben aber. Eines Abends sagte meine Mutter: „Ab nächsten Monat trägst du Zeitungen aus." Sie kannte die Zeitungsverteilerin im Dorf und so bekam ich meine Tour. Die Waldtour, die kein anderer Zusteller haben wollte: 11 Kilometer mit dem Fahrrad durch die Waldsiedlungen um Jesteburg herum mit 25 Exemplaren „Hamburger Abendblatt", 25 Stück „Harburger Anzeigen und Nachrichten" und zweimal „DIE WELT". Von Montag bis Samstag, pro Tour 90 Minuten. Bei Wind und Wetter, Regen, Hitze, Schnee und Eiseskälte. Einen Bankeinzug hatte keiner der Abonnenten. Also musste ich am Monatsende mit einem großen Geldbeutel zum Kassieren. Ich erinnere mich an einen Tag, an dem es so kalt war, dass ich die Leute an der Haustür bitten musste, den Klippverschluss an dem Beutel zu öffnen. Meine Finger waren dafür zu kalt. Der Lohn für die ganze Arbeit war allerdings für damalige Zeiten sehr gut. 143 Deutsche Mark gab es. Das Geld habe ich natürlich zu Hause abgegeben. „Das ist für die Schule, den Bus, Bücher und damit du eine schicke Jeans und hübsche T-Shirts kriegst", sagte meine Mutter. Die bekam ich auch. Von Woolworth, was mir aber egal war. Vom Lohn durfte ich auch 20 Mark für mich behalten.

Nach dem Abitur kam das Studium in Hamburg. Erneut kamen neue Kosten auf die Familie und auf mich zu. Studentenbude, Buskarten, S-Bahn-Tickets und die

unfassbar teure Sachliteratur für Theologie. Bücherbei-
hilfen gab es nicht. Da meine Eltern ein Haus gebaut
hatten (bei dem sie jetzt die Schulden abbezahlten), sah
der deutsche Staat keinen Anlass, mir Bafög zu gewähren.
Also suchte ich mir Arbeit. Wie in der Kindheit gelernt.
Ich arbeitete als Zuschneider in einem Baumarkt, aber
das beste Geld verdiente ich mit Nachhilfe. Mein Rekord
waren sieben Kinder pro Woche. Ob Mathe, Englisch,
Latein, Deutsch, mein Repertoire war ordentlich und die
Leistung offenbar auch. 10 Mark für 60 Minuten Unter-
richt, da kam am Ende bisschen was zusammen.

Mit Beginn meiner Arbeit als Pastor hat sich meine
frühkindlich gelernte Arbeitsauffassung als praktisch er-
wiesen. Gerade als junger Pastor war ich umtriebig unterwegs. „Pastor Dampf in allen Gassen", nannte mich
einmal eine Kirchenvorsteherin.

Doch das Leben und die Arbeit hinterlassen auch bei
mir Spuren. Mit ca. 50 Jahren merkte ich, dass mir nicht
mehr alles so leicht von der Hand geht wie in jüngeren
Jahren. Das war mir zunächst unangenehm. Aber ich
sagte mir irgendwann: Du kannst nicht anderen predigen, sie sollen auf sich Acht geben, und du selbst machst
es nicht. Das war wirklich ein Entschluss. Ich kann noch
heute Tag und Stunde nennen, als ich beim morgend-
lichen Rasieren in den Spiegel schaute und mir sagte: Du
trittst jetzt kürzer! Dann sagte ich es meiner Frau und sie
hat mich umarmt. „Danke", sagt sie, „das musstest du

dir selbst sagen." Gesagt, getan. Nun bin ich kürzerge-
treten, arbeite nicht mehr 100, sondern 50 Prozent. Ich
habe jetzt mehr Zeit zum Kochen, Lesen, Märklin-Eisen-
bahn aufbauen und kann mit Sam länger Gassi gehen.
Ich gönne mir diese Zeit und tue, was ich möchte. Das
sind Tage, da bin ich entspannt ... wie mein Hund, ohne
mich wie ein fauler Hund zu fühlen. Auch Momente der
bewussten Faulheit sind für mich mitunter Erfahrungen
von persönlicher Freiheit. Auch die Faulen kommen ins
Paradies! Und das Paradies kann oftmals schon jetzt in
unserer Wohnung sein, davon bin ich überzeugt. Oder
bei unseren Lieben. Oder einfach in unserem Herzen
und unserer Lebenseinstellung.

Zachäus und lebensfreudiger Genuss

Faulheit mag zwar von ferne betrachtet als bequem gelten, aber sie macht vor allem einsam. Ein fauler Mensch
hat wenig Kontakt – wozu auch? Er genügt sich selbst.
Meistens hat er auch keine Lust, sich selbst etwas Schönes zu gewähren. Ein fauler Mensch kann leicht zu einem miesepeterigen Bärbeiß mutieren.

Dagegen steht die Lebenstugend der Lebensfreude.
Ich freue mich am Leben. Jeder von uns kennt hoffentlich solche Phasen, in denen man vor Freude in die Luft
springen oder tanzen möchte. Da bekommen wir das Lä-

cheln nicht mehr aus dem Gesicht. Bei anderen können wir es auch erkennen. „Der ist aber gut drauf", sagen wir dann. Wir merken es an seinen Worten, am Klang der Stimme, an der Mimik, aber auch an der Sprache, mit der kein Mensch auf der Welt lügen kann, an der Körpersprache. Wer lebensfroh ist, der geht anders, der sitzt anders, der ist seinem Gegenüber anders zugewandt. Positiv. Kann man so etwas absichtlich wollen? Lebensfroh sein? Ja! Es ist eine kleine Entscheidung mit großer Wirkung. Nicht immer gelingt es, aber – deshalb nenne ich es eine Tugend – wir sollten danach streben, auch wenn es uns manchmal nicht so gut geht. Das Tugendziel „Lebensfreude" soll nicht aus unserem Fokus geraten.

Im Neuen Testament werden wir Zeuge, wie Lebensfreude erwacht und überspringt. Die Geschichte, auf die ich kurz näher eingehen möchte, ist vielen bekannt; auch die Kinder im Kindergottesdienst hören sie immer wieder gern. Die Geschichte selbst transportiert bereits lebensfreudige Gefühle. Wie war das wohl damals, als sie sich in Jericho ereignet hat? (In Gänze nachzulesen ist sie bei Lukas, Kapitel 19,1–10.)

Auf seinem Weg nach Jerusalem kommt Jesus mit seinen Jüngern durch die alte Stadt. Sein Ruf eilt ihm voraus. Menschen säumen die Straßen, um den zu sehen, von dem man schon so viel gehört hat. Er gilt als ein Rabbi, der erstaunlich gut predigen kann. Er redet anders als die Schriftgelehrten. Es hat sich herumgesprochen, dass die Menschen sich um ihn lagern, um seine Predigten und Geschichten zu hören. Jeder kann sie verstehen. Wenn Jesus Gott mit einer Hausfrau vergleicht, die einen verlorenen Groschen sucht. Oder wenn er von den Vögeln unter den Himmeln und den Blumen auf dem Feld redet. Das kann sich jeder wunderbar vorstellen. Dafür muss man nicht die Thora studiert haben. Und dann kann Jesus die Menschen trösten, die sonst keinen Trost finden. Er wendet sich an die Armen, die Hungernden, die Traurigen ... und sagt: Ihr dürft euch selig fühlen. Selig bei Gott. Gott ist bei euch, nicht nur bei den oberen Zehntausend (vgl. Mt 5,3–12; Lk 6,20–49).

Genauso bekannt, wenn nicht sogar noch populärer sind Jesu Heilungen. Diese Wunder haben sich damals in Windeseile herumgesprochen. Allein durch sein Wort, aber auch durch seine Berührung werden Menschen wieder gesund. Ein Gelähmter kann wieder gehen, nachdem er mit Jesus Kontakt hatte. Ein Blinder bekommt sein Augenlicht zurück, als Jesus seine Augen mit den Fingern berührt. Es geht sogar das Gerücht um, Jesus habe ein totes Mädchen wieder zurück ins Leben geholt. Diesen Mann, diesen Jesus wollte nun wirklich jeder einmal „live" sehen und erleben, wenn er durch Jericho zog.

Wie Jesus diese Aufmerksamkeit empfand, können wir nur ahnen. In den Evangelien wird oftmals beschrieben, dass Jesus sich nach einem Heilungswunder oder einer Predigt in die Stille zurückgezogen hat. Er wollte nicht bejubelt werden. Seine Wunder sollten nicht auf ihn zeigen, sondern auf das Reich Gottes, das schon jetzt unter uns Menschen ist und wächst. Gott selbst wirkt, wenn man nur mit den Augen und dem Herzen genau hinblickt. „Das Reich Gottes ist mitten unter euch!", so lautet die immer wiederkehrende Kernaussage Jesu. Er ist dabei der Menschensohn (was ursprünglich lediglich „der Mensch" bzw. „das Menschenkind" bedeutet), allerdings mit der Vollmacht Gottes ausgerüstet. Von Gott gesandt zu sein, dessen war Jesus sich sicher.

Die Wegränder waren gesäumt mit neugierigen Zuschauern und machten es für einen Mann in Jericho zum Problem, Jesus zu sehen. Er heißt Zachäus. Er arbeitete als Zöllner für die Römer und war somit wie alle Steuereintreiber in der Bevölkerung nicht gerade beliebt (vgl. dazu das erste Kapitel dieses Buches). So erging es auch Zachäus. Bei Lukas wird er so beschrieben: „Dort lebte ein Mann mit Namen Zachäus, der war oberster Zöllner und reich. Er wollte gern sehen, wer Jesus sei, konnte es aber nicht wegen der Volksmenge; denn er war klein von Gestalt." Zachäus' Reichtum kam von seinem unlauteren Finanzgebaren. Seine kleine Statur hatte er von Natur aus. Aber er wusste sich geschickt zu helfen: „Da lief er voraus und stieg auf einen Maulbeerfeigenbaum, um ihn zu sehen; denn da musste er vorüberkommen." Also rauf auf den Baum und das freie Sichtfeld genießen.

So weit der Plan, und bis hierhin geht auch alles gut. Doch was dann passierte, damit haben weder er noch die Passanten am Boden gerechnet: „Als nun Jesus an die Stelle kam, schaute er hinauf und sagte zu ihm: Zachäus, steig schnell herunter, denn heute muss ich in deinem Haus bleiben." An dieser Stelle fragen viele Kinder im Kindergottesdienst: Woher wusste Jesus den Namen des Zöllners? Ich sage dann, dass bestimmt die Leute am Wegesrand miteinander laut geredet haben und in etwa sagten: „Guck mal, da oben, da sitzt Zachäus. Dieser miese Zöllner hat sich wieder einmal den besten Platz gesichert." Die Kinder überlegen oft kurz und meinen dann: „Ja, so kann es gewesen sein." Mit der Erklärung sind sie zufrieden. Ich bin es auch.

Dass die Menge der Zuschauenden über Jesu Ansprache an Zachäus verwundert oder gar verärgert gewesen sein dürfte, ist überliefert. Es heißt: „Alle, die das sahen, empörten sich und sagten: Bei einem Sünder ist er eingekehrt …!" Das ist wieder einmal „typisch Jesus". Die Evangelien sind voll von Geschichten, die von Begegnungen Jesu mit nicht standesgemäßen bzw. nicht gesellschaftsfähigen Menschen erzählen. Jesus handelt menschlich und göttlich zugleich. Was er predigt, das macht er auch. Zwischen Theorie und Praxis gibt es bei ihm keinen Unterschied.

Lukas erzählt weiter: „Schnell stieg er [Zachäus] herunter und nahm ihn mit Freuden auf." Wie schön sind die letzten beiden Worte: „mit Freuden". Die Freundlichkeit Jesu erweckt in Zachäus ebenfalls Freude. Lebensfreude. In der Hirnforschung spricht man heute gerne von „Spiegelneuronen". Wenn ich jemanden lächeln sehe, bin ich geneigt, ebenfalls zu lächeln (und wenn jemand gähnt, muss ich unwillentlich auch gähnen). Wenn ich anderen freundlich begegne, reagieren diese in aller Regel auch freundlich. Das klappt zwar nicht immer, aber oft genug. Zur Zeit Jesu war von Spiegelneuronen zwar noch nichts bekannt, aber man kannte die Wechselwirkung.

Zachäus jedenfalls folgt der lebensfrohen Ansage Jesu mit Freuden. Mit Lebensfreude. Dass sich Jesus eben einmal selbst bei Zachäus eingeladen hat („heute muss ich in deinem Haus bleiben"), ist Zachäus ganz egal. Ebenso die damit verbundene Arbeit, denn damals bedeutete diese Einkehr, dass der Hausherr den Gast mit Essen und Trinken bewirtete, ihm die Möglichkeit bot, sich zu waschen, und ihm auch das Angebot machte, über Nacht zu bleiben. *All inclusive* also.

Was die beiden in Zachäus' Haus beredet haben, überliefert das Evangelium nicht. (Na klar, für mich wäre es auch interessant gewesen zu erfahren, was es zu essen gab. Aber gut.) Das Bedeutende ist: Die Lebensfreude, die Jesus in Zachäus geweckt hat, geht über ihn und sein eigenes Wohlbefinden hinaus. Es heißt: „Zachäus aber wandte sich an den Herrn und sagte zu ihm: Herr, die Hälfte meines Vermögens gebe ich den Armen, und wenn ich etwas zu Unrecht von jemandem gefordert habe, gebe ich es vierfach zurück." Man höre und staune! Lebensfreude bewirkt etwas, nicht nur für den Einzelnen. Sie lässt uns auch Dinge erkennen, die in der Vergangenheit schlecht oder schiefgelaufen sind. Mit neuer Freude am Leben lassen sich auch Verfehlungen von gestern wiedergutmachen. Zachäus hat sein falsches Tun als Zöllner erkannt und greift tief in seine Geldkasse. Er gibt von seinem Besitz die Hälfte für die Armen, und die von ihm Betrogenen (er gibt es selbst zu!) bekommen ein Vielfaches zurück. Neue Lebensfreude macht frei. Frei von dem, was ich besitze. Frei von alter Schuld. In der Lebensfreude liegt stets ein Zauber des Neuanfangs. Jeden Tag. Zachäus hat die Lebensfreude als ein Gottesgeschenk erleben dürfen, indem Gott in Jesu Person bei ihm einkehrte. Auch wenn Jesus bei mir heute nicht an meiner Haustür klingelt, empfinde ich das Gefühl meiner Lebensfreude ebenfalls als Geschenk Gottes an mich.

Für viele Menschen ist die schönste Jahreszeit die Urlaubszeit. Manche, so scheint es mir manchmal, fahren deshalb in den Urlaub, um von dort aus den nächsten Urlaub im kommenden Jahr zu planen. Urlaub ruft zunächst einmal Vorfreude hervor. Egal, ob man ein neues Ziel ansteuert oder bei altbewährtem Land und

Domizil bleibt, die Freude auf die nächste Auszeit ist da.

Diese besonderen Wochen im Jahr dienen für viele Menschen als Zeit zum Entspannen und Auspannen. Mit Sack und Pack an einem anderen Ort sein, raus aus dem gewohnten Alltag. Am Urlaubsort ist eben alles anders als zuhause. Der Bäcker, der Schlachter, der Markt, die Restaurants und die Menschen, die man trifft. Eine Zeit der Neuentdeckungen, auf die man freudig gespannt ist. Egal, ob der Urlaubsort in Deutschland liegt oder in Europa oder auf anderen Kontinenten, die Zeit und der Ort außerhalb der gewohnten Bahnen ist eine wundervolle Erfahrung, die jedes Jahr von so vielen geschätzt wird.

Wie schon im Beispiel zur Bescheidenheit beschrieben, geht es im Urlaub eigentlich nicht um das Ziel, sondern darum, die Batterien in Körper, Herz und Seele wieder neu aufzuladen. Die Lebensfreude, die im Alltag so manches Mal unbeachtet bleibt und sich durch den Ablauf des immer gleichen Tages- und Arbeitsgeschehens oft nicht durchsetzen kann, bricht sich wieder neue Bahn. Mit dieser neuen Lebensfreude geht es dann zurück nach Hause. Doch wie kann man die erfahrene Freude in den gewohnten Alltag hinübertragen? Für mich gibt es da zwei Taktiken. Ich habe sie mir nicht selbst ausgedacht. Auch bei anderen habe ich die Anwendung dieser Methoden zur Konservierung ihrer Lebensfreude gefunden.

Da sind zunächst einmal ganz simpel und unspektakulär die Urlaubsfotos. Das waren noch Zeiten, als man mit einer Kamera fotografierte, in die ein Film für 36 Aufnahmen eingelegt werden musste. Zuhause brachte man den Film zum Entwickeln und fieberte dem Tag der Abholung entgegen. Die meisten haben sich dann dazu ein besonderes Fotoalbum gekauft, die Bilder eingeklebt und sorgsam beschriftet. Auf dem Buchrücken stand dann beispielsweise: Österreich 1979 oder Prag 1982. Wie oft habe ich als Pastor in Trauergesprächen im Wohnzimmer der Hinterbliebenen gesessen und im Bücherschrank die aufgereihten Alben gesehen. Wenn ich die Trauernden darauf ansprach, sind sie oftmals zum Bord gegangen, haben ein Album herausgezogen und gesagt: „Da waren wir immer gerne. Schauen Sie mal." Und dann blätterten wir gemeinsam. Fotos werfen lange Schatten der Erinnerung, und wenn wir sie betrachten, kommen sie wieder in das Licht des Bewusstseins. Die schönen Momente. Das Erlebnis von Lebensfreude, das für einen Moment sogar die Trauer überstrahlt.

Heute ist es mit den Fotoalben größtenteils vorbei. In der Zeit von Handy- und Spiegelreflexkameras mit unbegrenzten Speichermöglichkeiten scheint die Album-Zeit an ihr Ende gekommen zu sein. Es wird geknipst, als wenn es kein Morgen gäbe. Zuhause wird die Bilderflut auf den Computer überspielt, der Ordner bekommt einen Titel. Nun ist alles erfasst. Doch wer guckt sich die

745 Bilder aus dem Elsass noch einmal in Ruhe an? Meine Frau und ich haben diese Erfahrung auch gemacht. Bis zu dem Tag, an dem meine Frau diesem Computer-Archiv-Spuk ein Ende machte. Nach dem Urlaub setzt sie sich nun einen Abend hin und schaut alle Bilder an. Die guten Fotos kommen ins Töpfchen (einen Extra-Order), die anderen (das sind die meisten) kommen ins Kröpfchen. Das ist der Computer-Papierkorb. Meine Frau ist also das moderne Aschenputtel. Die guten Fotos aus dem Töpfchen kommen dann in ein Fotobuch. So ein Buch lässt sich kinderleicht selbst machen und kostet weder viel Geld noch Nerven. Sie sortiert den guten Rest, schickt es per Computer weg und eine Woche später kommt der Urlaub in „best-of"-Qualität zu uns festgebunden zurück. Das ist die moderne Form des alten Einklebe-Fotoalbums. Oft schon haben wir abends zusammengesessen und bei einem Glas Wein auf dem Sofa in diesen Büchern und den enthaltenen Erinnerungen geschwelgt. Eine Speicherkarte kann man nicht angucken. Fotos sehr wohl. Sie helfen, Erinnerungen wieder wachzurufen. Gefühle von damals sind wieder spürbar, sogar der Geruch vom Meer liegt dann in der Luft und die Wärme der Augustsonne auf der Haut. Konservierte Lebensfreude, die man jederzeit wieder öffnen kann.

Meine ganz persönliche Art, um Lebensfreude aus dem Urlaub mitzubringen, hängt mit meinem Hobby zusammen. Ich koche nunmal gerne. Und an jedem Urlaubsort entdecke ich Rezepte oder Zubereitungsarten samt Gewürzen, die ich noch nicht kannte. Ich bin ein Fan von Landgasthäusern. Nichts gegen Gourmetrestaurants. Aber das, was wir in Spanien an den Bodegas, in Frankreich an den Bistros oder in Griechenland an den Tavernen schätzen: einfache, gute, bodenständige Küche. Das bieten auch die Landgasthöfe bei uns. Jedes Bundesland, ja jede Region hat so ihre Spezialitäten, an denen ich nicht vorbeigehen kann. Ob es Kalbsbries ist oder geschmelzte Maultaschen, Potthas oder Schäufele, Aalsuppe oder Blaue Zipfel, was ich noch nicht kenne, das möchte ich probieren. Nebenbei bemerkt: Selbst Bratkartoffeln oder Kartoffelsalat schmecken überall ein wenig anders, solange sie nicht aus dem großen Kübel kommen. Manchmal ist es nur ein Gewürz, das die kochende Großmutter in der Gasthausfamilienküche dazunimmt, und schon schmeckt es anders. Ein bisschen Zimt zum Gulasch oder etwas Vanille zur Fischsuppe. Darauf wäre ich nie gekommen! Mittlerweile bin ich so mutig, dass ich beim Kellner frage, ob ich kurz mal die Köchin sprechen darf. Immer wenn ich nachfragte: „Was war da denn dran, ich komme nicht drauf", habe ich schöne Küchengespräche führen dürfen. Diese Erfahrung mit nach Hause nehmen zu können, ist für mich nicht nur ein Urlaubssouvenir, sondern schmackhafte Lebensfreude am eigenen Herd.

Als meine Kinder noch klein waren, sind wir viele Jahre im Sommerurlaub auf die Insel Korfu geflogen. Die Insel wurde für uns zu etwas Besonderem. Wie bei meinem Freund Jens, der statt Luxus eine Hütte in Frankreich mietete, waren wir außerhalb von jedem Hotel bzw. Resort ganz einfach unterwegs. Fast wie in Deutschland. Nur etwas wärmer. Und mehr Mittelmeer als Nordsee. Das kam so: Wir hatten einen Griechen in Deutschland als Freund gewonnen. Er hatte am Südstrand Korfus ein Ferienhaus. Kleine Küche, ein Bad, eineinhalb Schlafzimmer. Mehr nicht. Dort verbrachten wir immer fantastische Urlaube. Keine britischen Touristen weit und breit; das Haus am Strand, daneben eine einzige Taverne und ein winziger Supermarkt, das war das Zentrum des Dörfchens. Ansonsten nur Sonne, Wind, Sandstrand und Wasser im feinsten Blau. Das Hauptessen fand immer am Abend in der Taverne statt, so gegen 21 Uhr. Natürlich mit den kleinen Kindern. Deutsche Gesundheitsamtsbeamten würden in Ohnmacht fallen, wenn sie gesehen hätten, dass mich jedes Mal der Koch, sobald er uns erblickte, mit in die Küche zog. Er hob die Deckel von den verbeulten Alu-Töpfen und zeigte mir, was er gebrutzelt hatte. Stifado, Saganaki, Moussaka. Dann öffnete er die Kühltruhe und präsentierte stolz die Fische, indem er sie hochhielt: kleine Gawros oder Wolfsbarsch. Ich sagte immer, wir nehmen am besten von jedem ein wenig. Bis auf den Fisch klappte das jedes Mal gut. Auf einer Kladde versuchte ich aufzuschreiben, wie das Ragout oder die Sauce so schmackhaft zubereitet wurden. *Kitchen Impossible* auf Korfu. Kaum zu glauben: Manche Gerichte habe ich tatsächlich auch in Deutschland nachkochen können. Besonders stolz bin ich auf das Gericht, das in Griechenland ‚Sofrito‘ genannt wird. Wenn meine drei Kinder samt Partner heute zu Besuch nach Buxtehude kommen, koche ich es gerne. Schon beim Betreten der Küche sagen sie (nach etwas Schnüffeln): Oh, Korfu! Sogar meine mittlerweile vegetarische Tochter macht bei diesem Essen eine Ausnahme. Probieren Sie es gern einmal aus. Für das Rezept gebe ich eine Geling-Garantie.

Korfiotisches Sofrito – für vier Personen:
4 Rinderrouladen werden jeweils in 3 Stücke geschnitten. Diese werden gesalzen und gepfeffert und dann in Mehl gewendet. (Überschüssiges Mehl bitte abklopfen.) Dann die Rouladen portionsweise in einer Pfanne von beiden Seiten kurz (!) in Olivenöl anbraten und danach in einen Bräter legen. Liegt die erste Schicht aus, diese mit kleingeschnittenem Knoblauch überstreuen. (Wie viel, hängt von der eigenen Vorliebe für Knobi ab.) Dann die nächste Schicht Rouladen auslegen und wieder mit Knobi bestreuen und das Ganze noch ein drittes Mal wiederholen. Dann alles mit ¼ Liter trockenem Weißwein und ¼ Liter Rinderbrühe übergießen. Zum Schluss kommen 4 Esslöffel

Weißweinessig dazu. Deckel drauf und 2 Stunden bei geringer Hitze auf dem Herd köcheln lassen. Etwa 10 Minuten vor dem Servieren das Fleisch mit kleinge-hackter glatter Petersilie (Menge ganz nach Belieben) bestreuen und noch etwas weiterköcheln lassen.

Als Beilage entweder Baguette (die Sauce eignet sich hervorragend zum Stippen) oder Rosmarinkartoffeln servieren Ein Gurken- oder Tomatensalat rundet das Ganze ab und bringt noch mehr Frische dazu.

Kali orexi, wie der Grieche zu sagen pflegt. Guten Appetit!

Erfahrene Lebensfreude will geteilt werden. Und das Beste: Beim gemeinsamen Essen entsteht sogleich wieder neue Lebensfreude. So gestärkt kann man getrost den Todsünden trotzen und sich mit dem Herzen des Glaubens den Lebenstugenden widmen.

Zum Nachdenken und Ausprobieren

Wann bin ich oder wann wäre ich gerne einmal ein „fauler Hund"?

....

Das ist mein Lieblingsort:

....

Das ist mein Rezept für Lebensfreude im Alltag:

....

....

....

....

....

....

....

Die Waagschale

Todsünden und Lebenstugenden – ich muss unwillkürlich an eine Waage denken. Meine Großmutter hatte so eine mit zwei Schalen in der Küche stehen. Auf der einen Seite die Gewichte, auf der anderen die abzumessenden Zutaten. Heute gibt es so ein Gerät wohl nur noch im Antiquitätengeschäft. Doch als Kind hat mich das Abmessen mit der alten Küchenwaage fasziniert.

Doch können wir Todsünden und Lebenstugenden überhaupt abwiegen oder gar gegeneinander aufwiegen? Ganz lässt es sich sicherlich nicht tun. Wir benötigten auch eine gemeinsame Skala, um überhaupt einen Vergleich wagen zu können. Für mich ist meine persönliche Skala, an der ich mich orientieren kann, mein Glaube. Der Glaube findet sich in konzentrierter Form – fast könnte man sagen in homöopathischer Dosis – im Glaubensbekenntnis, das in allen Kirchen jeder Konfession jeden Sonntag gesprochen wird. Für viele Menschen ist das Glaubensbekenntnis zu einem schwer zu verstehenden Text geworden. Für manche sind einige Sätze daraus verwirrend, und wahrscheinlich sogar irrelevant geworden, da sie als altertümliche Dogmen verstanden werden. Ich bin da anderer Meinung. Deshalb möchte ich zum Abschluss dieses Büchleins es wagen, das Glaubensbekenntnis – Satz für Satz – neu zu beleuchten und zu verstehen, als Theologe, aber vor allem als Mensch, als Matthias Schlicht. Es ist meine Skala des Glaubens, meine Orientierung für mein Handeln und meine Grundlage für das Abwägen zwischen Todsünden und Lebenstugenden.

Ich glaube an Gott

Das tue ich wirklich. Ich bin davon tief überzeugt, dass das Leben mehr ist, als wir naturwissenschaftlich erklären können. Der blanke Materialismus lässt mich kalt, weil meine Gefühle, ja meine bewusste Existenz entweder in ihm nicht vorkommen oder für ihn irrelevant sind. Aber ich weiß, dass ich bin (René Descartes lässt grüßen). Ich weiß, dass ich fühle und empfinde. Mein Grundgefühl ist, dass mein Leben einen Sinn hat. Als sollte es so sein, dass es mich gibt. Wenn ich in den nächtlichen Sternenhimmel blicke, weiß ich zwar, dass ich ein unscheinbares Nichts im Weltall bin, doch gleichzeitig bin ich da. Wirklich. Ich empfinde mein Leben als Geschenk. Es ist so unbegreiflich wie das Wissen, dass alle Atome, die meinen Körper bilden, von fremden, explodierten Sternen stammen. *„We are stardust"*, so beschreibt Joni Mitchell dieses Gefühl in einem Song. Im Betrachten des Universums wie unserer „kleinen" Welt fühle ich eine Anwesenheit, die größer ist als ich oder wir alle. Ich habe eine Empfindung für Gott. Oder ein göttliches Wesen. Oder eine göttliche Kraft, die mir als Person persönlich gegenübertritt.

Den Vater

„Ach du lieber mein Vater!", seufzte meine Oma immer dann, wenn sie sich aufregte. Auch heute regen sich manche Menschen, und nicht nur Frauen, darüber auf, dass mit der Bezeichnung Gottes als Vater die patriarchalische Sicht untermauert wird. Den Konfirmanden erkläre ich es so, wie ich es mir auch selbst erkläre: Gott wird in der Bibel durch viele Bilder skizziert, nicht nur als Vater, sondern u. a. auch als Mutter, als Burg, als Licht, als Sonne, als Wohnung. Es geht also um Bildsprache. Ein Bild bezeichnet einen Gegenstand, aber das Bild ist nicht der Gegenstand. Wer an Bilder glaubt, glaubt am Eigentlichen vorbei. Wenn Gott als „Burg" bezeichnet wird, so soll emotional ausgemalt werden, dass Gott schützen kann. Welche Emotionen beim Wort „Vater" mitschwingen, das ist bei jedem Menschen anders. Wer als Kind vom Vater verprügelt wurde, wird keine gute Assoziation damit verbinden. Für mich steht „Vater" emotional für Verlässlichkeit, und zugleich für Zurückhaltung, die ich auch in Gott wiederfinde.

Den Allmächtigen

Bruce Allmächtig (2003) – ein, wie ich finde, schöner Hollywoodfilm mit Jim Carrey. Was für eine grandiose

Vorstellung, alles zu können, alles zu erreichen, alles zu verändern – über jedes Naturgesetz hinweg. Nichts ist unmöglich. Es ist das Versäumnis vieler Theologengenerationen, den ursprünglichen Sinn nicht weitergegeben zu haben. In dem üblichen Sinn „allmächtig sein heißt, alles zu können" kommt das Wort als Bezeichnung Gottes nicht vor. Gott wird dort zwar als mächtig beschrieben, aber nicht als Alleskönner. Das hebräische Wort, das Luther in der deutschen Bibelübersetzung mit „Allmächtiger" wiedergegeben hat, hat – vor allem im Buch Hiob – eine andere Bedeutung. Der „allmächtige" Gott ist der, der den Menschen unbedingt nahe ist und von Menschen angeredet werden kann. Für mich ist der allmächtige Gott der Gott, der bei mir und jedem ist.

Den Schöpfer des Himmels und der Erde

Wie war das noch gleich mit Darwin und der Evolution? Und die Dinosaurier kommen in der Schöpfungsgeschichte der Bibel auch nicht vor … Vom Schöpfer zu reden, ist also Quatsch. Viele denken so. Ich nicht. Zwar halte ich die biblischen Schöpfungsberichte für zeitbedingte Vorstellungen, doch wer die Bibel wörtlich nimmt, der übersieht meines Erachtens ihre Kernbotschaft: Die Welt, ja das ganze Universum ist ein Gottesgeschenk, welches uns – zumindest was die Erde angeht

– anvertraut ist zur guten Pflege: „Seid fruchtbar und vermehrt euch und bevölkert die Erde und *macht sie euch untertan*!" (Gen 1,28; Herv. d. Autors); doch was Luther im Sinne seiner Zeit derart übersetzte, heißt nach dem hebräischen Text: Er, der Mensch, soll die Erde „hegen und pflegen". Das ist ein Unterschied! Welche Kraft auch immer hinter dem Urknall und der Evolution steckt, für mich ist es ein göttlicher Geist. Die Größe und die Liebe Gottes des Schöpfers finde ich im Sternenhimmel ebenso wieder wie z. B. im Wechsel der Gezeiten an der Nordsee. Von den Schmetterlingen in meinem Fliederbusch ganz zu schweigen.

Und an Jesus Christus

An Jesus muss ich gar nicht glauben. Den hat es historisch gegeben. Wir wissen so einiges von ihm, was selbst atheistische Historiker ohne Skrupel anerkennen: dass er aus Nazareth kam, Jünger hatte, sogar seine Heilungen sind historisch verbürgt, wenn auch nicht in allen schönen Details. Allerdings: auch andere Lehrer heilten damals! Wir wissen, dass Jesus eine besondere Gabe hatte zu predigen und die Rede in Gleichnissen „erfand". Geschichtlich belegt sind seine Verhaftung und Hinrichtung unter Pontius Pilatus und sein leeres Grab. Dass Jesus aber auch der „Chrisus" ist (das griechische Wort für das hebräische Wort *Messias*), das ist Glaubenssache. Ich persönlich glaube, dass Jesus Gottes Wort und Willen authentisch auf die Erde gebracht und gelebt hat.

Seinen eingeborenen Sohn

Luther haben wir die Übersetzung „eingeborener Sohn" zu verdanken. Heute würde das griechische Wort als „der einzige geborene Sohn" Gottes übersetzt werden. Es soll damit gesagt werden: Nur zu diesem geborenen Jesus hat Gott eine einzigartige, besondere Beziehung. Beziehungen hat Gott zu jedem Menschen, aber zu Jesus hat er eben eine ganz besondere. Von diesem engen Verhältnis zwischen Jesus und Gott bin ich tatsächlich überzeugt.

Unseren Herrn

„Herr" ist die deutsche Übersetzung des griechischen Wortes *kyrios*. Das kann man lapidar als „Herr" übersetzen, so wie wir „Herr Meier" sagen. Zur Zeit des Neuen Testamentes war der Begriff aber als göttliche Anrede reserviert. Der *kyrios* Jesus ist also der „Herrgott" Jesus. Da nun Jesus – für mein Dafürhalten – an Gottes statt und mit Gottes Kraft ausgerüstet gehandelt hat, kann ich die göttliche Anrede teilen.

Empfangen von dem Heiligen Geist, geboren von der Jungfrau Maria

Nun wird es spannend. Empfängnis durch den Heiligen Geist und die Jungfrauengeburt gehören biologisch und logisch zusammen. Wenn Maria körperliche Jungfrau war, konnte sie nur schwanger werden, indem ein Wunder geschah. Das Wunder der Empfängnis durch den Heiligen Geist. Diese Vorstellung untermauert die Aussage: Jesus war etwas Besonderes. Und das soll nicht nur durch sein (historisch verbürgtes) Leben und Reden gezeigt werden, sondern bereits durch seine wundersame Geburtsgeschichte (von der im Übrigen die Evangelisten Markus und Johannes nichts berichten). Für Matthäus und Lukas war das aber so wichtig, dass sie diese Geschichten in ihren Text eingetragen haben. Der Hintergrund der „Jungfrau" ist mittlerweile schon in weiten Kreisen bekannt. Matthäus greift zurück auf eine Weissagung des Propheten Jesaja, die im Hebräischen von einer „jungen Frau" (Jes 7,14) redet, in der griechischen Übersetzung des Alten Testamentes aber durch einen Übersetzungsfehler zur biologischen „Jungfrau" geworden ist. Was für ein verhängnisvoller Fehler. Für Paulus, und ihm schließe ich mich an, hängt die Besonderheit Jesu nicht mit einer sonderlichen Zeugung zusammen. Jesu Geburt ist ein Wunder wie die Geburt jeden anderen Kindes auch. Wenn Eltern in die Geburtsanzeige schreiben: „Uns ist ein Kind geschenkt worden", dann wissen sie, dass trotz der natürlichen Zeugung auch ihr Kind etwas Wunderbares ist. Es ist ein (Gottes-)Geschenk, genauso wie Jesus für Maria und Joseph eines war.

Gelitten unter Pontius Pilatus, gekreuzigt, gestorben und begraben.

Erneut finden wir hier Sätze vor, über die man nicht in Glaubensstreitigkeiten geraten muss. Sie beschreiben pure Historie. So ist es gewesen. Ohne jede Romantik, und ähnlich nüchtern wie in allen vier Evangelien, wird Jesu Leidensweg beschrieben. Schuldzuweisungen gegenüber den Juden und Römern finden sich nicht.

Hinabgestiegen in das Reich des Todes

Dieser Halbsatz beschreibt einen reinen Glaubenssatz. Der Abstieg Jesu in die Unterwelt erinnert an den griechischen Mythos von Orpheus und Eurydike. So wie Orpheus seine Geliebte aus dem Totenreich zurückholen wollte, steigt Jesus nach seinem Tod zu den vor ihm Verstorbenen hinab, um sie in das Reich Gottes zu bringen. Die vor Jesus Verstorbenen sollen keinen his-

torischen Nachteil erleiden. Auch wenn sie vorher gelebt und Jesus deshalb nicht persönlich erlebt/erfahren/
gekannt haben, dürfen auch sie an der Erlösung durch
Jesus teilhaben. Ein vermeintlich kindlicher Gerechtig-
keitsgedanke steht hier im Hintergrund, der den ersten
Christen aber durchaus wichtig war. Das erkenne ich an.
Allerdings glaube ich, dass auch Menschen, die vor Jesus
lebten, ebenso von Gott geliebt und erkannt sind wie
diejenigen, die überhaupt nichts jemals von Jesus gehört
haben. Bis heute. Die Erinnerung an Jesu Reise durch
die Welt der Toten ist für mich ein Bild für die allum-
spannende Liebe Gottes.

Am dritten Tage auferstanden von den Toten

Dies ist der zentrale Satz. Die unbeweisbare Behauptung
schlechthin. Ich rede nicht lange drum herum: Ja, daran
glaube ich, auch wenn ich nicht weiß, was und wie es
damals passiert ist. Historisch belegt ist lediglich die Tat-
sache, dass Jesu Grab leer gewesen sein muss. Ansonsten
hätte sich ganz Jerusalem nach einem kurzen Friedhofs-
besuch über die Jünger lustig gemacht, die solches be-
haupteten, ohne ein leeres Grab vorweisen zu können.
Dass sie den Leichnam Jesu einfach geklaut hätten, wurde schnell zu einem Gerücht, von dem bereits im Mat-
thäusevangelium berichtet wird. Mein Glaube bleibt da-

bei: Gott hat den toten Jesus – zum Zeichen für alle – zu sich genommen. Dazu stehe ich, auch wenn es wie ein naiver Kinderglaube wirkt. Gegen diesen Vorwurf habe ich nichts.

Er sitzt zur Rechten Gottes, des allmächtigen Vaters

Erneut haben wir es mit antiken Vorstellungen und Bildern zu tun, die zur Zeit Jesu, aber auch schon lange vorher, in Israel und Ägypten im Umlauf waren. Der Platz zur Rechten – sei es rechts vom Gastgeber oder gar von einem König/Pharao – galt als der besondere Ehrenplatz. Normalerweise blieb der rechte Platz vom Chef frei, es sei denn, dieser lud ausdrücklich eine besonders zu ehrende Person ein, sich dort hinzusetzen. Ägyptenreisende, die in Abu Simbel gewesen sind, konnten es dort beschauen. Der Pharao Ramses II. sitzt im allerheiligsten Tempelraum zur Rechten des Hauptgottes Re-Harachte.

Hinter dem Bild Jesu zur Rechten Gottes steckt ein emotionales Bedürfnis. Man möchte Jesus gerne irgendwo „zuhause" wissen. Natürlich bei Gott und dort – wenn schon, denn schon – auf dem Ehrenplatz. Für meine Glaubensbilderwelt reicht es aus, zu wissen, dass Jesus bei Gott aufgehoben ist, so wie wir das alle sind und am Ende sein werden.

Von dort wird er kommen zu richten
die Lebenden und die Toten

Das Endgericht! Die Bilder der niederländischen Maler Hieronymus Bosch und Pieter Brueghel stehen mir deutlich vor Augen, wenn ich an diesen Teilsatz des Credos denke. Höllenknechte quälen die Sünder mit Messern und Feuern. Grausame Szenen sind in der Kunst über das sogenannte „Jüngste Gericht" aufgezeichnet. Die pädagogische Funktion solcher Gemälde aus dem Mittelalter ist leicht zu erkennen. Etwaige Sünder sollten zur Buße und Umkehr aufgefordert werden, um solchen Qualen zu entgehen. Das ganze Ablasswesen funktionierte nur, wenn die Gläubigen gehörig Angst vor dem nahen Jenseits und seinen möglichen Peinigungen hatten. Ein perfides Spiel des Unglaubens. Eine kirchlich sanktionierte Ausnutzung von Ängsten. Martin Luther hat zwar mit dem Gruselkabinett, das den Ablass ermöglichte, aufgeräumt, aber den Glauben an ein letztes Gericht vor Gott hat er beibehalten. Jesus selbst erzählt in dem lesenswerten Gleichnis von einem solchen „Weltgericht" (Mt 25,31–46). Das Kriterium für das Urteil ist verblüffend. Jesus sagt: „Was immer ihr einem dieser meiner geringsten Brüder [und Schwestern] getan habt, das habt ihr mir getan." (Mt 25,40) Und: „Was immer ihr einem dieser Geringsten nicht getan habt, das habt ihr auch mir nicht getan." (Mt 25,45) Jesus bindet hier auf unübertreffliche Weise die Liebe zu Gott und die Liebe zum Nächsten aneinander. Wer Gott liebt, liebt auch den Mitmenschen; und wer den Mitmenschen nicht liebt, der liebt auch Gott nicht. Das Urteil des Gerichtes passiert oftmals schon im Diesseits. Egoisten leiden an Einsamkeit – je älter, je mehr. Ein Leben, das nur auf Konsum und Haben ausgerichtet ist, richtet sich schon hier zu Erden von selbst. Das merkt man, wenn einen die große Sinnlosigkeit trifft. Oder eine Krankheit, die man nicht wegbezahlen kann. Oder das Alleinsein, das man sich im Leben zuvor schon selbst bereitet hat. Und das große Endgericht? Ich glaube nicht, dass Gott wie ein KZ-Wärter an der Rampe von Auschwitz die Gerechten und die Ungerechten aufteilt. Ich glaube, dass Gott selbst bei den fiesesten Typen noch seinen Weg findet. Das glaube ich fest, aber ich weiß es natürlich nicht. Keiner kann in Gottes Karten gucken. Doch meine Überzeugung an die Kraft seiner Liebe lässt mich für alle hoffen.

Ich glaube an den Heiligen Geist

Jeder und jede, der bzw. die jemals einen Mannschaftssport betrieben hat, kennt ihn: den Team-Geist. Man fühlt sich verbunden, man ist füreinander da, im Guten wie im Schlechten. Der christliche Team-Spirit ist der Heilige Geist. Er verbindet die Menschen in der Gemeinde und im Gottesdienst. Die Mitarbeitenden im

Ehrenamt, die Teamer im Konfirmationsunterricht, die Menschen im Besuchsdienst. Er ist für mich eine fühlbare Erfahrung, keine bloße Einbildung. Er kommt über die Menschen, bewegt, ermutig und tröstet. An die Macht dieses Geistes glaube ich von ganzem Herzen, so oft habe ich diese schon erfahren.

Die heilige christliche Kirche

Ja, ich glaube auch an die Kirche. Früher tat ich es nicht. Wenn jemand zu mir sagte: „Herr Pastor, ich glaube nicht an die Kirche", dann sagte ich stets mit stolzer Frechheit: „Ich auch nicht! Ich glaube an Gott!" Diese Meinung in Bezug auf die Kirche hat sich bei mir geändert. Trotz aller Schrecken und Katastrophen, die die Geschichte der Kirche aufzeigt, hat Gott wohl irgendetwas mit diesem Laden vor. Auch wenn kirchenleitende Persönlichkeiten sich völlig unchristlich verhalten, so sehe ich immer wieder, dass für viele Menschen die Kirche keine bloße Firma ist, sondern eine Anlaufstelle für Hilfe und für Gemeinschaft mit und vor Gott. Kirche ist besonders sichtbar als Diakonie. Kirche ist da für die Menschen, die sonst weder Halt noch Hilfe finden. Kirche kann helfen, wo staatliche Stellen lange nicht mehr hilfsbereit sind. Ich meine sogar, dass die Kirche der Zukunft immer mehr eine diakonische, tatkräftig helfende Kirche sein wird. „Beten und Tun des Gerechten", wie es einst Dietrich Bonhoeffer pointierte, passiert hier für diejenigen, die immer mehr durch die Maschen des Sozialstaates fallen. Eine obdachlose Frau sagte einmal zu mir: „Wenn ich nicht weiter weiß, dann gehe ich zur Pastorin. Die hilft immer. Und ihr Kaffee ist prima, da kannst du einen drauf lassen!"

Gemeinschaft der Heiligen

Günther Jauch könnte bei „Wer wird Millionär" folgende Millionenfrage stellen:

Welche Gruppe ist gemeint bei dem Ausdruck „Gemeinschaft der Heiligen"?

A) Die Märtyrer der Kirche.
B) Besonders fromme Menschen, die Wunder vollbrachten und von der katholischen Kirche heiliggesprochen wurden.
C) Alle lebenden und verstorbenen Christen.
D) Fünf besondere Tage im Mai.

Die richtige Antwort lautet: C). Die Heiligen, das sind tatsächlich alle Christen, lebendig oder bereits verstorben. Heilig sind wir Menschen nicht dadurch, dass wir ohne Fehl und Tadel leben, sondern weil Gott uns liebt.

Diese Liebe heiligt. Mit dem Tod bricht die Liebe Gottes nicht ab, und so sind auch die Verstorbenen weiterhin in einer Gemeinschaft mit uns Lebenden vor Gott. Ein schöner Gedanke, über den sich aus meiner Erfahrung leider nur wenige Menschen Gedanken machen.

Vergebung der Sünden

Wie singt es sich so schön im Karneval: „Wir sind alle kleine Sünderlein." Kaum einer weiß noch, dass die Melodie einmal zu einem schlesischen Volkslied gehörte mit dem Titel „Wenn wir sonntags in die Kirche geh'n". Doch nachdem Willy Millowitsch den Schlager gesungen hatte, gab es kein Zurück mehr. Die Einsicht, dass wir unser Leben nicht sündlos verbringen können, ist nur der erste Schritt, um sich besser zu fühlen. Wer um eine begangene Schuld weiß, der kennt die Erfahrung, wie gut es tut, sie – wenn man mag – Gott zu sagen; oder sich mit einem anderen Menschen auszusprechen. Am besten ist es, wenn ich mich entschuldigen kann und der andere mir vergibt. Vergebung bedeutet, wieder aufatmen können. Frei sein von Schuld. Mancher berichtet, wie dann eine Last von einem abfällt, die man ansonsten noch länger mit sich herumgetragen hätte. Was zwischen Menschen gilt, das gilt auch zwischen Mensch und Gott. Deshalb glaube ich an die Vergebung der Sünden. Wenn jemand sich vor Gott aussprechen kann, im Gebet oder im Gespräch mit einem Pastor/Pastorin oder auch seinem Freund, dann darf man sich der Vergebung Gottes gewiss sein. Wichtig ist nur, dass die Bitte um Vergebung wirklich von Herzen kommt.

Auferstehung der Toten und das ewige Leben

Diesen Satz zu bekennen, das heißt, den Sprung des Glaubens wagen – über den Tod hinweg. Über Beerdigung, Friedhof oder Friedwald hinaus gibt es ein Aufgehobensein bei Gott. Bilder dafür haben wir nicht. Es bleibt nur der Glaube. Ich habe keine Erinnerungen daran, was und wo ich war, bevor ich geboren worden bin. Auf einmal war ich da; mein Geist und mein Bewusstsein sind angesprungen, ohne dass ich meine Existenz als „Ich" erklären kann. Ich glaube, dass es sich so ähnlich auch am Ende verhält. Wie es passiert, das weiß ich nicht. Aber dass etwas passiert, daran glaube ich als Christ.

Amen

Ein schönes hebräisches Wort, das so viel bedeutet wie: Darauf verlasse ich mich. Daran mache ich mich fest. Das ist mein Anker, das ist mein Poller im Hafen des Lebens.